W0171589

Philipp Lutz

Definitionen für die Klausur im Öffentlichen Recht

Unentbehrliche, griffige Formulierungen, Beispiele und Aufbauschemata

11. Auflage 2020

ISBN 978-3-86724-079-6

11. Auflage 2020

© 2020 niederle media

Bezug möglich direkt vom Verlag
niederle media
48341 Altenberge
Fax (02505) 93 98 99
E-Mail: info@niederle-media.de
www.niederle-media.de

Der Inhalt wurde sorgfältig erstellt, bleibt aber ohne Gewähr für Richtigkeit und Vollständigkeit. Nachdruck sowie Verwendung in anderen Medien oder in Seminaren nur mit schriftlicher Genehmigung des Verlags.

Lektorat: Thomas Goltz

▶ Inhalt

▶ Definitionen für die Klausur im Öffentlichen Recht

Abkürzungsverzeichnis

A.	Auffassung
a. A./A. A.	andere Auffassung
AbgG	Abgeordnetengesetz
Arg.	Argument
Art.	Artikel
BauGB	Baugesetzbuch
BauNVO	Baunutzungsverordnung
BaWü	Baden-Württemberg
Bay	Bayern
BR	Bundesrat
BRD	Bundesrepublik Deutschland
Brbg	Brandenburg
Brem	Bremen
BRRG	Beamtenrechtsrahmengesetz
BT	Bundestag
BVerfG	Bundesverfassungsgericht
BVerfGG	Bundesverfassungsgerichtsgesetz
BVerwG	Bundesverwaltungsgericht
BWahlG	Bundeswahlgesetz
Def.	Definition
EAG	Europäische Atomgemeinschaft
EFTA	European Free Trade Association (Europäischer Freihandelsverband)
EG	Europäische Gemeinschaft
EGGVG	Einführungsgesetz zum Gerichtsverfassungsgesetz
EGKS	Europäische Gemeinschaft für Kohle u. Stahl
EGKSV	Vertrag zur Gründung der Europ. Gemeinschaft für Kohle u. Stahl
EGV	EG-Vertrag (Vertrag zur Gründung der Europ. Gemeinschaft)
EMRK	Europäische Menschenrechtskonvention
entspr.	entsprechend
EU	Europäische Union
EuGH	Europäischer Gerichtshof
EUV	Vertrag über die Europäische Union
EWR	Europäischer Wirtschaftsraum
GASP	Gemeinsame Außen- u. Sicherheitspolitik
gem.	Gemäß
GemO / GO	Gemeindeordnung
GG	Grundgesetz
ggf.	gegebenenfalls
GO	Geschäftsordnung
GO BT	Geschäftsordnung des Bundestages
GO NRW	Gemeindeordnung NRW
HRG	Hochschulrahmengesetz
Hs./HS	Halbsatz
KG	Kommanditgesellschaft
LBO	Landesbauordnung
Lit.	Literatur
LV	Landesverfassung
obj.	objektiv
OVG	Oberverwaltungsgericht
ParteiG	Parteiengesetz
PJZS	Polizeiliche u. justizielle Zusammenarbeit in Strafsachen
VA(e)	Verwaltungsakt(e)
VB(n)	Verfassungsbeschwerde(n)
VersG	Versammlungsgesetz
VGH	Verwaltungsgerichtshof
VwGO	Verwaltungsgerichtsordnung
VwVfG	Verwaltungsverfahrensgesetz
VwZG	Verwaltungszustellungsgesetz

▶ Vorwort

Dieses Skript ist gedacht als Lernhilfe für Klausuren und die mündliche Prüfung im Öffentlichen Recht. So wie man eine Fremdsprache nur erlernen kann, wenn man regelmäßig Vokabeln „paukt", kann man auch eine Ö-Rechtsklausur nur dann bewältigen, wenn man vorher die zentralen Definitionen auswendig gelernt hat.

Was versteht man z.B. unter einem *Rechtsstaat,* unter *Demokratie* oder einem *Überhangmandat?* Wie wird die *Meinung* in Art 5 I 1 GG, die *Kunst* in Art. 5 III GG und die *Versammlung* in Art 8 GG definiert? Und welche Voraussetzungen müssen erfüllt sein für die Rechtmäßigkeit eines *Verwaltungsakts*, einer *Anfechtungs- und Verpflichtungsklage* oder eines *Bebauungsplans?*

Die im Skript genannten Begriffe kann man sich am besten aneignen, wenn man – wie bei einem Vokabelheft – eine Hälfte der Seite mit einem Stück Papier etc. abdeckt und ausprobiert, ob die aufgelisteten Begriffe bekannt sind.

Da das Beherrschen der Definitionen alleine nicht für das erfolgreiche Bestehen einer Klausur ausreicht, empfehlen wir außerdem, das Lösen von Fällen mit Hilfe von Fallsammlungen zu trainieren. Hierfür sind z.B. die *Standardfälle* gut geeignet. Für Ihre Klausuren etc. drücken wir schon jetzt ganz fest die Daumen,

Philipp Lutz & Jan Niederle

▶ Unsere 📖 Skripten ▣ Karteikarten 𝄞 Hörbücher (CD & MP3)

Zivilrecht

- 📖 Standardfälle Zivilrecht für Anfänger (AT+KaufR) (7,90 €)
- 📖 𝄞 Standardfälle BGB AT (7,90 €)
- 📖 𝄞 Standardfälle Schuldrecht (7,90 €)
- 📖 𝄞 Standardfälle Ges. Schuldverh.,§§ 677,812,823 (9,9 €)
- 📖 𝄞 Standardfälle Sachenrecht (Mobil.+ Immobil.) (9,90 €)
- 📖 𝄞 Standardfälle Familien- und Erbrecht (9,90 €)
- 📖 𝄞 Basiswissen (Frage-Antwort) BGB AT (7 €)
- 📖 𝄞 Basiswissen (Frage-Antwort) Schuldrecht AT (7 €)
- 📖 𝄞 Basiswissen (Frage-Antwort) Schuldrecht BT (7 €)
- 📖 𝄞 Basiswissen (Frage-Antwort) Sachenrecht (7 €)
- 𝄞 Basiswissen Familienrecht und 𝄞 Basiswissen Erbrecht
- 📖 Einführung in das Bürgerliche Recht (7,90 €)
- 📖 Studienbuch BGB AT (12 €)
- 📖 Studienbuch Schuldrecht AT (12 €)
- 📖 Schuldrecht BT 1 - §§ 437, 536, 634, 670 ff. (9,90 €)
- 📖 Schuldrecht BT 2 - §§ 812, 823, 765 ff. (9,90 €)
- 📖 SachenR 1 – Mobil., 📖 SachenR 2 – Immobil. (9,90 €)
- 📖 Familienrecht und 📖 Erbrecht (Einführungen) (9,90 €)
- 📖 Streitfragen Schuldrecht (7,90 €)
- 📖 𝄞 Definitionen für die Zivilrechtsklausur (9,90 €)

Strafrecht

- 📖 Standardfälle Band 1: für Anfänger (9,90 €)
- 📖 Standardfälle Band 2: für Fortgeschrittene (12 €)
- 📖 𝄞 Standardfälle Strafrecht AT (für Anfänger) (7,90 €)
- 📖 𝄞 Basiswissen (Frage-Antwort) Strafrecht AT (7 €)
- 📖 𝄞 Basiswissen Strafrecht BT 1 und 📖 𝄞 BT 2 (7 €)
- 📖 Strafrecht AT (7,90 €)
- 📖 Strafrecht BT 1 – Vermögensdelikte (9,90 €)
- 📖 Strafrecht BT 2 – Nichtvermögensdelikte (9,90 €)
- 📖 𝄞 Definitionen für die Strafrechtsklausur (7,90 €)

Irrtümer und Änderungen vorbehalten!

Öffentliches Recht

- 📖 Standardfälle Staatsrecht I – StaatsorgaRecht (9,90 €)
- 📖 Standardfälle Staatsrecht II – Grundrechte (9,90 €)
- 📖 𝄞 Standardfälle f. Anfänger (StaatsorgaR u. GRe) (7,9 €)
- 📖 Standardfälle Verwaltungsrecht AT (9,90 €)
- 📖 Standardfälle Polizei- und Ordnungsrecht (9,90 €)
- 📖 Standardfälle Baurecht (9,90 €)
- 📖 Standardfälle Europarecht (9,90 €)
- 📖 Standardfälle Kommunalrecht (9,90 €)
- 📖 𝄞 Basiswissen (Fr-Antw.) StaatsR I – StaatsorgaR (7 €)
- 📖 𝄞 Basiswissen (Fr-Antw.) StaatsR II – Grundrechte (7 €)
- 📖 Basiswissen (Frage-Antwort) Verwaltungsrecht AT (7 €)
- 📖 Studienbuch Staatsorganisationsrecht (9,90 €)
- 📖 Studienbuch Grundrechte (9,90 €)
- 📖 Studienbuch Verwaltungsrecht AT (12 €)
- 📖 Studienbuch Europarecht (12,90 €) 𝄞 Basiswissen EuR
- 📖 Staatshaftungsrecht (9,90 €)
- 📖 VerwaltungsR AT 1 – VwVfG u. 📖 AT 2–VwGO (7,90 €)
- 📖 VerwaltungsR BT 1 – POR (9,90 €)
- 📖 VerwaltungsR BT 2 – BauR 📖 BT 3 – UmweltR (9,90 €)
- 📖 𝄞 Definitionen Öffentliches Recht (9,90 €)

Steuerrecht

- 📖 Abgabenordnung (AO) (9,90 €)
- 📖 Erbschaftsteuerrecht (9,90 €)
- 📖 Steuerstrafrecht/Verfahren/Steuerhaftung (7,90 €)

Sozialrecht

- 📖 Kinder- und Jugendhilferecht (7,90 €)
- 📖 Einführung in das Sozialrecht (9,90 €)

Nebengebiete

- 📖 Standardfälle ZPO (9,90 €)
- 📖 𝄞 Standardfälle Handels- & GesellschaftsR (9,90 €)
- 📖 𝄞 Standardfälle Arbeitsrecht (9,90 €)
- 📖 𝄞 Basiswissen (Fr.-Aw.) Handelsrecht (7,90 €)
- 📖 𝄞 Basiswissen (Fr.-Aw.) Gesellschaftsrecht (7,90 €)
- 📖 𝄞 Basiswissen (Frage-Antwort) ZPO (7,90 €)
- 📖 𝄞 Basiswissen (Frage-Antwort) StPO (7,90 €)
- 📖 Handelsrecht (9,90 €)
- 📖 Gesellschaftsrecht (9,90 €)
- 📖 Arbeitsrecht (9,90 €)
- 📖 Kollektives Arbeitsrecht (9,90 €)
- 📖 ZPO I – Erkenntnisverfahren (9,90 €)
- 📖 ZPO II – Zwangsvollstreckung (9,90 €)
- 📖 Strafprozessordnung – StPO (9,90 €)
- 📖 Einführung Internationales Privatrecht - IPR (9,90 €)
- 📖 Standardfälle IPR (9,90 €)
- 📖 Insolvenzrecht (9,90 €)
- 📖 Gewerblicher Rechtsschutz/Urheberrecht (9,90 €)
- 📖 Wettbewerbsrecht (9,90 €)
- 📖 Ratgeber 500 Spezial-Tipps für Juristen (12 €)
- 📖 Sportrecht (9,90 €)

Assessorexamen

- 📖 Der Aktenvortrag im Strafrecht (7,90 €)
- 📖 Der Aktenvortrag im Zivilrecht (7,90 €)
- 📖 Der Aktenvortrag im Öffentlichen Recht (7,90 €)
- 📖 Staatsanwaltl. Sitzungsdienst & Plädoyer (9,90 €)

Karteikarten (je 9,90 €)

- ▣ Grundlagen des Zivilrechts
- ▣ BGB Allgemeiner Teil (AT)
- ▣ Schuldrecht BT (§§ 433, 535, 631, 812, 823)
- ▣ Schemata Zivilrecht (AT, SchuldR, SachR, FamR)
- ▣ Strafrecht Allgemeiner Teil (AT)
- ▣ Strafrecht BT 1 und ▣ Strafrecht BT 2
- ▣ Streitfragen Strafrecht
- ▣ Staatsorganisationsrecht
- ▣ Grundrechte
- ▣ Verwaltungsrecht Allgemeiner Teil (AT)
- ▣ Schemata Öffentliches Recht

BWL

- 📖 Einführung i. die Betriebswirtschaftslehre (7,90 €)
- 📖 Organisationsgestaltung & -entwickl. (9,90 €)
- 📖 Fallstudien Organisationsgestaltung & -entwickl.
- 📖 Internationales Management (7 €)
- 📖 Wie gelingt meine wiss. Abschlussarbeit? (7 €)
- 📖 Medienwirtschaft für Mediengestalter (14,90 €)

Irrtümer und Änderungen vorbehalten!

Schemata

- 📖 Die wichtigsten Schemata-ZivR,StrafR,ÖR (14,90)
- 📖 Die wichtigsten Schemata–Nebengebiete (9,90 €)

𝄞 bedeutet: auch als **Hörbuch** (CD oder MP3-Download) lieferbar!

Bei **niederle-media.de** bestellte Artikel treffen idR *nach 1-2 Werktagen* ein!

1. Lektion: Staatsorganisationsrecht

Staatsrecht

Das Staatsrecht befasst sich mit einem **konkreten** Staat, hier mit dem Staat der BRD (Geschichte u. gegenwärtige Staatsorganisation)

Staatslehre

Die Staatslehre untersucht ganz **abstrakt** den Begriff u. das Wesen des demokratischen Verfassungsstaates allgemein, ausgehend von den unterschiedlichen Erscheinungsformen in der Vergangenheit u. Gegenwart

Drei-Elemente-Lehre

Nach dieser auf Georg Jellinek zurückgehenden Lehre konstituieren den Staat **drei** Elemente: **a) Staatsgebiet, b) Staatsvolk, c) Staatsgewalt** (siehe jeweils Def.)

Staatsgebiet

Darunter versteht man einen **abgegrenzten** Teil der Erdoberfläche, der zum dauernden Aufenthalt von Menschen geeignet ist u. damit einen räumlichen Herrschaftsbereich gegenüber anderen Staaten abgrenzt => Bestimmung der Grenzen eines Staatsgebiets durch den Grundsatz der tatsächlichen **Beherrschbarkeit**; Bsp.: Luftraum endet an der Stelle, an der die effektive Beherrschung aufhört, Grenze bei ca. 80 bis 100 km, str.

Staatsvolk

Hierzu gehören **alle** einem Staat zugehörigen Menschen => Dauerhafter **Personenverband** = rechtliche u. politische „Schicksalsgemeinschaft"; Bestimmung des Staatsvolkes durch das Merkmal der **Staatsangehörigkeit. Beachte: a)** Def. „deutscher Staatsbürger" in Art. 116 GG; **b)** § 4 I StAG (Abstammungsprinzip, siehe Def.), § 4 III StAG (Territorialprinzip, siehe Def.)

Abstammungsprinzip

Erwerb der Staatsbürgerschaft durch **Geburt** => Staatsangehörigkeit richtet sich nach derjenigen der Eltern/eines Elternteils, d. h. Kind erwirbt durch Geburt die Staatsangehörigkeit, wenn mindestens ein Elternteil Staatsbürger des betreffenden Landes ist; dieses Prinzip gilt in der BRD

Territorialprinzip

Nach diesem Prinzip erwirbt jemand die Staatsangehörigkeit des Staates, in dessen **Staatsgebiet** er geboren wird => **Beachte: Ohne** Rücksicht der Staatsangehörigkeit der Eltern!

Staatsgewalt

Originäre **Herrschaftsmacht** des Staates über sein **Gebiet** und die auf ihm befindlichen **Personen** => Gebiets- u. Personalhoheit; In der BRD wird die Staatsgewalt auf **drei** Schultern verteilt: **a) Legislative** (gesetzgebende Gewalt), **b) Exekutive** (ausführende Gewalt), **c) Judikative** (rechtsprechende Gewalt)

Gebietshoheit

Herrschaft über das **Staatsgebiet**

Personalhoheit

Herrschaft über das **Staatsvolk** bzw. rechtliche Unterworfenheit des Staatsvolkes unter die Staatsgewalt

Staatszielbestimmungen

Verfassungsnormen, die dem **Staat** die fortwährende Erfüllung bestimmter Aufgaben oder die Verfolgung bestimmter Ziele **vorschreiben** => **Beachte:** Staatszielbestimmungen sind für die **staatlichen** Organe **verbindlich**, allerdings bezieht sich die Bindungswirkung **nur** auf die

Zielvorgaben. Die Wahl der Mittel u. Wege sowie die nähere Konkretisierung der Ziele bleibt den staatlichen Organen überlassen! Bspe. für Staatszielbestimmungen des GG: **Sozialstaat** (Art. 20 I, 28 I GG), **Umwelt/-Tierschutz** (Art. 20a GG) => siehe jeweils Def.;

Strukturprinzipien

Neben den Staatszielen gibt es die (Staats-)Strukturprinzipien des Art. 20 GG: **Republik, Demokratie, Sozial-, Bundes-** und **Rechtsstaatsprinzip** (i.V.m. Art 28 I). Diese Strukturprinzipien sind nach **Art. 79 III GG unabänderlich** (= Ewigkeitsgarantie). Folge des Art. 79 III GG ist damit, dass sämtliche Verfassungsänderungen mit Art. 1 u. 20 GG vereinbar sein müssen.

Republik

Art. 20 I GG. Der Staat ist eine Republik, wenn er **keine** Monarchie (siehe Def.) ist => **Wesentlicher** Inhalt: **a)** Periodisch wiederkehrende **Wahl** des Staatsoberhauptes (Bundespräsident), **b)** Wahl auf **begrenzte** Zeit (Bundespräsident wird für 5 Jahre gewählt, Art. 54 I, II GG); Bspe. für Republik: BRD, Frankreich, USA

Monarchie

Staatswesen, in dem das Staatsoberhaupt nach **familien-** u. **erbrechtlichen** Regelungen bestimmt u. auf **Lebenszeit** bestellt wird (sog. Erbmonarchie; vgl. dagegen die Wahlmonarchie im Heiligen Römischen Reich Deutscher Nation bis 1806); gegenwärtige Bspe. für Monarchie: Großbritannien, Niederlande

Demokratie

Art. 20 I, II GG. Herrschaft des **Volkes** => **Grundsatz:** Alle Staatsgewalt geht vom Volke aus (**Art. 20 II 1 GG**). Unterscheide unmittelbare von mittelbarer Demokratie (=> siehe jeweils Def.). Elemente des **Demokratieprinzips: a)** Volkssouveränität, **b)** Repräsentative Demokratie (mittelbare Demokratie), **c)** Pluralistische Demokratie, **d)** Mehrheitsprinzip, **e)** Parlamentarische Demokratie (=> siehe jeweils Def.)

Unmittelbare Demokratie

Direkte Demokratie. Das **Volk selbst** trifft die maßgeblichen Sach- u. Personalentscheidungen, d. h. die Bürger üben die Staatsgewalt weitgehend **selbst** aus => **Keine** Aufspaltung der Staatsgewalt in verschiedene, voneinander unabhängige Staatsorgane; diese Staatsform ist heute nur noch in einigen Schweizer „Ur-Kantonen" zu finden.

Volkssouveränität

Grundsatz der Volkssouveränität: **Art. 20 II 1 GG** => Das Volk (=> siehe Def.) bildet die Grundlage der Staatsgewalt, die Ausübung der Staatsgewalt geht vom Volk aus u. muss wiederum dem Volk gegenüber verantwortet werden. Die Ausübung **jeglicher** staatlicher Macht bedarf daher der **Legitimation** durch das **Volk** u. muss in einer ununterbrochenen demokratischen Legitimationskette auf das Volk **zurückführbar** sein. **Beachte:** Es gibt unmittelbare u. mittelbare demokratische Legitimationen. Bsp.: Das Volk kann nicht direkt den Bundeskanzler wählen, sondern nur das Parlament (Parlament = vom Volk **unmittelbar** legitimiert). Dieses wählt dann den Bundeskanzler (Bundeskanzler = vom Volk **mittelbar** legitimiert).

Volk

Das **deutsche** Staatsvolk => Die Gesamtheit der Personen, die die deutsche Staatsangehörigkeit besitzen; **Beachte:** Art. 116 GG.

Repräsentative Demokratie

Das **Volk wählt** ein **Parlament** als Repräsentationsorgan, das seinerseits für das Volk handelt (**Art.** 20 II 2 GG) => Die Ausübung der Staatsgewalt wird von Repräsentanten (**Abgeordneten**), die vom Volk durch (freie) Wahlen dazu legitimiert sind, wahrgenommen; **Beachte:** Es gibt **zwei** Formen der repräsentativen Demokratie: **a)** Parlamentarische Demokratie, **b)** Präsidialdemokratie.

Parlamentarische Demokratie

Die Regierung, der Regierungschef, wird **nicht** direkt vom Volk, sondern vom Parlament gewählt / bestimmt u. ist vom Vertrauen des Parlaments **abhängig** (Art. 63 I, 64, 67, 68, 69 II GG) => Die BRD ist eine parlamentarische Demokratie (Art. 20 II 2 GG).

Präsidialdemokratie

Die Regierung, der Staatspräsident, wird vom Volk **direkt** gewählt u. ist deshalb weitgehend dem Einfluss des Parlaments **entzogen** => Meist sind die Ämter des Staatspräsidenten u. des Regierungschefs in **einer** Person vereint; Bspe. für Präsidialdemokratie: USA, Frankreich.

Pluralistische Demokratie

Art. 20 I GG => Es wirken vielfältige weltanschauliche, politische, soziale u. kulturelle Interessen **nebeneinander**; Gegenteil: Einheitsdemokratie (wie in den ehemaligen Ostblockstaaten).

Mehrheitsprinzip

„Herrschaft der Volksmehrheit" => Alle Handlungen des Staates müssen mit der **Mehrheit** des **Volkswillens** übereinstimmen => **Beachte: a)** Nur **demokratisch** zustande gekommene Mehrheiten legitimieren staatliche Machtausübung!; **b)** Das GG kennt **verschiedene** Mehrheitsbegriffe: **1)** Abstimmungsmehrheit, **2)** Anwesenheitsmehrheit, **3)** Mitgliedermehrheit (=> siehe jeweils Def.). Des Weiteren erfolgt eine Unterscheidung nach der erforderlichen Mehrheit, dem sog. Quorum (=> siehe Def.)

Abstimmungsmehrheit

Einfache Mehrheit. Der zur Entscheidung gestellte Antrag bedarf der Mehrheit der sich an der Abstimmung beteiligenden Personen => Die Zahl der abgegebenen Ja-Stimmen muss die Zahl der abgegebenen Nein-Stimmen **überwiegen. Beachte:** Ungültige Stimmen oder Stimmenthaltungen werden **nicht** mitgezählt (h. M.); Bsp.: Abstimmungsmehrheit bei Beschlüssen des Bundestags, es sei denn, das GG bestimmt etwas anderes (Art. 42 II GG).

Anwesenheitsmehrheit

Erforderlich ist die Mehrheit der **Anwesenden** => Sie ist im GG **nicht** genannt, sondern nur in der GO BT vorgesehen, z. B. in § 80 II GO BT oder in § 126 GO BT. **Beachte:** Enthaltungen u. ungültige Stimmen zählen als Ablehnung!

Mitgliedermehrheit

Kanzlermehrheit = absolute Mehrheit. Erforderlich ist die Mehrheit der gesetzlich vorgeschriebenen Zahl der Mitglieder des jeweiligen Gremiums (vgl.

Art. 121 GG). **Beachte:** Zu den **598** Sitzen im Bundestag müssen u.a. die *Überhangmandate* (=> siehe Def.) hinzugezählt werden! Enthaltungen, ungültige Stimmen u. Stimmen der abwesenden Mitglieder werden mitgezählt u. wirken sich als **Ablehnung** aus! Bsp.: Absolute Mehrheit ist bei der Kanzlerwahl (Art. 63 GG) oder bei der Vertrauensfrage des Bundeskanzlers (Art. 68 GG) erforderlich.

Quorum

Das Quorum stellt auf die **erforderliche Zahl** der Stimmen ab, die bei der Abstimmung erreicht werden muss => **Unterscheide: a)** einfache Mehrheit, **b)** qualifizierte Mehrheit (=> siehe jeweils Def.).

Einfache Mehrheit

Rechnerische Mehrheit, d. h. 50 % **plus** mindestens 1 Stimme => Bei **Stimmengleichheit** ist der Antrag **abgelehnt.**

Qualifizierte Mehrheit

2/3 der Mitglieder des Bundestags u. ggf. 2/3 der Stimmen des Bundesrats => Bsp.: Verfassungsänderungen bedürfen nach Art. 79 II einer qualifizierten Mitgliedermehrheit von Bundesrat u. Bundestag.

Wahlsystem

Es gibt **zwei** Möglichkeiten, das Wahlsystem zu organisieren: **a)** Als **Mehrheitswahl** oder **b)** als **Verhältniswahl** (=> siehe jeweils Def.).

Mehrheitswahl

Das gesamte Wahlgebiet ist in **Wahlkreise** eingeteilt, aus denen i. d. R. je **ein** Abgeordneter zu entsenden ist => **Direkt** gewählt ist derjenige, der im Wahlkreis mehr Stimmen als seine Konkurrenten erhält (= relative Mehrheitswahl) oder der über 50 % der abgegebenen Stimmen erreicht (= absolute Mehrheitswahl). **Merke: Mehrheitswahl = Persönlichkeitswahl**

Verhältniswahl

Hier stellen sich die Kandidaten im **gesamten** Wahlgebiet zur Wahl. Die Kandidaten sind auf **Parteilisten** vereint => Verhältniswahl ist nur bei der Wahl von Vertretungskörperschaften (Parlamenten) anwendbar. Die Abgeordnetensitze werden auf die einzelnen Parteien entsprechend dem Verhältnis der im Wahlgebiet auf ihre Listen abgegebenen Stimmen verteilt. **Merke: Verhältniswahl = Parteien-/Listenwahl**; In der BRD gilt das sog. personalisierte Verhältniswahlrecht

Personalisierte Verhältniswahl

§ 1 I 2 BWahlG. Bei der Bundestagswahl hat jeder Wahlberechtigte **zwei** Stimmen, wobei er mit der **Erststimme** einen Kandidaten aus dem Wahlkreis wählt (= realtive Mehrheitswahl) u. mit der **Zweitstimme** für eine Partei stimmt (= reine Verhältniswahl) => **Vorteil** dieser Wahl: Wähler haben es in der Hand, Kandidaten direkt in den Bundestag zu wählen, ferner können auch kleine Parteien im Parlament vertreten sein, auch wenn sie keine Wahlkreise gewonnen haben; **Kritik**: Stimmensplitting des Wählers, d. h. durch *Überhangmandate* (=> siehe Def. Seite 15) können mehr Abgeordnete einer Partei in den Bundestag kommen, als der betreffenden Partei über die Liste zustehen.

Überhangmandat

Zustandekommen: eine Partei erlangte in einem Bundesland mehr Direktmandate, als ihr nach der Zweitstimmenauszählung Sitze im Bundestag zustanden. Diese zusätzlichen Mandate verbleiben gem. § 6 BWahlG den einzelnen Parteien => **Folge**: Erhöhung der **Gesamtzahl** der Abgeordneten im Bundestag. **Bsp.**: Erhält eine Partei etwa 245 Direktmandate, obwohl ihr nach der Gesamtzahl der abgegebenen Zweitstimmen lediglich 240 Sitze zustehen würden, so hätte diese Partei 5 Überhangmandate. Folglich erhöht sich die Gesamtzahl der Bundestagsabgeordneten, wobei es lt. BVerfG max. 15 ÜM geben darf. Seit der BT-Wahl 2013 werden Überhangmandate durch *Ausgleichsmandate* neutralisiert.

Wahlrechtsgrundsätze

Art. 38 I 1 GG u. **Art. 28 I 2 GG** => Die Wahlen sind gem. Art. 38 I 1 GG **allgemein, unmittelbar, frei, gleich** u. **geheim** (=> siehe jeweils Def.).

Allgemeine Wahl

Allgemein ist eine Wahl, wenn **alle** deutschen Staatsbürger **aktiv** (= wählen) oder **passiv** (= sich wählen lassen) teilnehmen dürfen => **Ausschlüsse** aus politischen, wirtschaftlichen oder sozialen Gründen sind **unzulässig**! **Beachte:** Gewisse Mindestvor. sind aber zulässig, z. B. das Alter (Art. 38 II GG: Mindestalter von 18 Jahren bzgl. des aktiven Wahlrechts auf Bundesebene) oder die deutsche Staatsangehörigkeit.

Unmittelbare Wahl

Die Abgeordneten werden durch die Stimmabgabe der Wahlberechtigten bestimmt. Es ist daher **nicht** zulässig, dass ein zwischengeschaltetes Gremium (**Wahlmänner**) existiert, welches die Abgeordneten wählen würde (= mittelbare Wahl) => **Merke:** Zwischen Wahlentscheidung u. Wahlergebnis dürfen **keine** weitere Personen (wie z. B. die Wahlmänner bei der Wahl des Präsidenten der USA) oder Entscheidungen treten. **Zulässig** ist aber die Wahl über eine Liste, wobei die Reihenfolge der Kandidaten nach der Wahl nicht mehr abgeändert werden darf!

Geheime Wahl

Der Grundsatz der geheimen Wahl erfordert, dass die Wahl so durchgeführt wird, dass andere Personen nicht in Erfahrung bringen können, **wie** der einzelne Wähler abgestimmt hat => Stimme muss **unbeeinflusst** u. **unbeobachtet** abgegeben werden können (durch Wahlzellen, verdeckte Stimmabgabe, versiegelte Wahlurne). Der Wähler soll sichergehen können, dass er wegen seiner Wahl nicht mit Nachteilen oder Repressionen rechnen muss. **Aber:** Der Wähler kann jedoch vor oder nach der Wahlhandlung **außerhalb** des Wahllokals nicht gehindert werden, seine Stimmabgabe zu offenbaren; Nach Entscheidung des BVerfG verletzt die **Briefwahl** nicht das Wahlgeheimnis bzw. die Wahlfreiheit.

Freie Wahl

Der Grundsatz der freien Wahl verlangt, dass **keinerlei** Zwang zur **Wahlausübung** u. **keine** unzulässige **Wahlbeeinflussung** stattfindet => Im Wahllokal ist Wahlwerbung **unzulässig**!

Gleiche Wahl

Gleichheit der Wahl verlangt, dass bei der **Wahlvorbereitung** u. **Durchführung**, z. B. Aufstellung der Kandidaten, Auswertung der Stimmen, alle **gleich** behandelt werden => Bezogen auf die Wähler bedeutet dies, dass **alle** in gleicher Weise wählen dürfen, d. h. **keine** Differenzierung des Stimmschwergewichtes nach z. B. Vermögen (vgl. Zensuswahlrecht, das für Wahlen zum Preußischen Landtag bis 1918 galt), Rasse oder Religion . **Beachte:** Es ist zwischen **Zähl**wert u. **Erfolgs**wert zu unter-scheiden (=> siehe jeweils Def.).

Zählwert

Wert der **einzelnen** Stimme bei der Auszählung => Zählwertgleichheit bedeutet, dass **alle** Stimmen gleich viel zählen.

Erfolgswert

Beschreibt den Wert einer abgegebenen gültigen Stimme **im Vergleich** zu den anderen abgegebenen gültigen Stimmen => **Beachte: a)** Erfolgswertgleichheit verlangt, dass alle Stimmen den gleichen Einfluss bei der Zusammensetzung des Parlaments ausüben; **b)** Es ist aber zwischen der **Mehrheitswahl** (=> siehe Def.) u. der **Verhältniswahl** (=> siehe Def.) zu unterscheiden. Hier kann der Erfolgswert nämlich unterschiedlich sein: Bei der **Mehrheitswahl** erlangen die für den unterlegenen Kandidaten abgegebenen Stimmen **keine** Bedeutung. Bei der **Verhältniswahl** fehlt den Stimmen, die für Parteien abgegeben werden, die unter 5 % liegen, der Erfolgswert. Diese Stimmen bleiben also im Erfolg unberücksichtigt. Die **Fünfprozentklausel** verstößt aber nicht gegen den Grundsatz der gleichen Wahl, weil sie eine Zersplitterung des Parlaments ver-

hindert u. sie damit zur Siche-
rung der Handlungs- u. Ent-
scheidungsfähigkeit des Par-
laments beiträgt.

Fünfprozentklausel

§ 6 III 1 BWahlG => Parteien, die
weniger als **5 %** der Stimmen
erhalten, werden bei der Sitzver-
teilung nicht berücksichtigt. Siehe
auch Def. Erfolgswert. **Beachte:**
Erzielt aber eine Partei mindes-
tens **drei Direktmandate** (=
Kandidaten in drei Wahlkreisen
können auf sich die höchste
Stimmenzahl vereinigen), so
kann die Fünfprozentklausel um-
gangen werden (= sog. **Grund-
mandatsklausel**, siehe Def.).
Dann ziehen neben den drei
erfolgreichen Bewerbern auch die
Kandidaten der Landeslisten
dieser Partei ein (Anzahl der
Kandidaten hängt vom Ergebnis
der Zweitstimme ab, bei deren
Berechnung nun die Fünfprozent-
klausel nicht gilt!)

Grundmandatsklausel

§ 6 III 1 BWahlG => Parteien
ziehen auch dann in den Bundes-
tag ein u. nehmen entspr. ihrem
Stimmanteil an der Sitzverteilung
teil, wenn sie zwar weniger als 5
% der Stimmen, dafür aber **min-
destens 3 Direktmandate** erzielt
haben. Ist die Grundmandats-
klausel verfassungsrechtlich zu-
lässig? **a) H. L.:** Sie ist **verfas-
sungswidrig**, Argument: Un-
gleiche Zweitstimmenbehand-
lung, weil den auf Schwerpunkt-
parteien entfallenen Zweitstimm-
en im Gegensatz zu den Zweit-
stimmen anderer Splitterparteien
ein Erfolgswert zukommt. Es
kann nicht sein, dass Schwer-
punktparteien eher in den Bun-
destag kommen als Splitterpar-

teien; **b) BVerfG/Teil der Literatur**: Sie ist **verfassungskonform**, Argument: Abschwächung der Fünfprozentklausel ist gerechtfertigt, da in der Erringung von drei Direktmandaten ein besonderes Maß an Zustimmung zu der hinter den Kandidaten stehenden Partei liegt

Abstimmungen (Art. 20 II 2 GG)

Gem. **Art. 20 II 2 GG** finden nicht nur Wahlen, sondern auch **Abstimmungen** statt => Es existieren drei Modelle: **a) Volksbefragung, b) Volksbegehren, c) Volksentscheid** (=> siehe jeweils Def.).

Volksbefragung

Referendum. Der Staat stellt dem Volk eine **präzise formulierte** Frage zu einem Sachverhalt, d. h. das **Volk** wird nach seiner Meinung zu einem Thema **befragt** => Das Ergebnis der Volksbefragung ist für die Staatsorgane **nicht** bindend. Die Entscheidung treffen letztlich die vom Volk gewählten Abgeordneten. **Merke:** Volksbefragungen dienen häufig der Vorbereitung einer staatlichen Maßnahme.

Volksbegehren

Volksbegehren ist der aus dem Volk kommende **Antrag** auf **Durchführung** einer **Volksabstimmung** => Vor. ist die Unterstützung durch eine hinreichend große Zahl von Wahlberechtigten.

Volksentscheid

Volksabstimmung. Es ist die rechtlich verbindliche Entscheidung des Volkes (der stimmberechtigten Bürger) über eine Sachfrage => **Beachte: a)** Der Volksentscheid ist für die staatlichen Organe **bindend; b)** Beschränken sich Abstimmungen auf den Komplex des Art. 29 GG oder kommen sie darüber hinaus auch auf Bundesebene in Betracht? Problematisch ist, dass Art. 20 II 2 GG zwar von Abstimmungen spricht, im Folgenden jedoch keinerlei weitere Vorschriften nennt, wie eine solche Befragung des Volkes durchzuführen wäre. Die **h. M.** hält aufgrund dieser Zurückhaltung plebiszitäre Akte nach geltendem Verfassungsrecht für **unzulässig**. Sie ist der Ansicht, dass mit dem Begriff „Abstimmungen" nur der Fall der Neugliederung des Bundesgebiets (Art. 29 II GG) gemeint sei, nicht jedoch eine Abstimmung über Sachfragen. Möglich wäre aber eine entspr. Verfassungsänderung; **Gegenmeinung**: Berufung auf das Demokratieprinzip u. den Begriff der „Abstimmungen" in Art. 20 II GG, Argument gegen diese Auffassung: Das Abstimmungsverfahren bleibt unklar, es sind also weitere Regelungen notwendig.

Rechtsstaat

Art. 1, 19 IV, 20 II 2, III, 23 I 1, 28 I 1 GG. In einem Rechtsstaat sind nicht nur die Beziehungen der Bürger untereinander gesetzlich geregelt, sondern auch das **Verhältnis** zwischen Staat u. Bürgern sowie der rein **innerstaatliche** Bereich => **Elemente** des **Rechtsstaatsprinzips: a) Gewaltenteilung**, Art. 20 II 2 GG (=> siehe Def.), **b) Gesetzmäßigkeit staatlichen Handelns**, Art. 20 III GG (=> siehe Def.), **c)** Grundsatz der **Rechtssicherheit u. -klarheit**, insbes. der **Vertrauensschutz** u. das **Bestimmtheitsgebot** (=> siehe Def.), **d)**

Effektiver u. fairer Rechtsschutz, Art. 19 IV GG, **e) Gewährleistung elementarer Freiheits- u. Gleichheitsgrundrechte** (=> siehe Def.), **f) Verhältnismäßigkeitsgrundsatz** (=> siehe Def.)

(Horizontale) Gewaltenteilung

Art. 20 II 2 GG. Die Staatsgewalt wird durch besondere Organe der Gesetzgebung (**Legislative**), der vollziehenden Gewalt (**Exekutive**) u. der Rechtsprechung (**Judikative**) ausgeübt => **Ziel** der Verteilung der staatlichen Macht auf verschiedene, sich gegenseitig begrenzende u. kontrollierende Staatsorgane: **a) Machtbegrenzung** u. Vorbeugung des Machtmissbrauchs, **b) Freiheitssicherung** des Bürgers, **c) Effiziente** u. sachgerechte **Aufgabenerfüllung; Beachte: a) Keine strikte** Gewaltenteilung in der BRD, sondern es besteht eine Gewalten**verschränkung** im Sinne einer gegenseitigen Kontrolle u. Einflußnahme der Teilgewalten (Stichwort: „checks and balances" nach John Locke). Das bedeutet, dass sich die Zuständigkeiten der Staats-organe nicht immer auf die ihnen entspr. materielle Staatsfunktion beschränken, sondern zudem in andere hineinreichen. Diese Überschneidungen von Organ u. Funktion werden vom BVerfG insoweit für verfassungsgemäß gehalten, als eine Gewalt nicht in den **Kernbereich** der anderen eingreift (= **Kernbereichslehre**, siehe Def.); **b)** Unterscheide horizontale von **vertikaler** Gewaltenteilung (=> siehe Def.).

Legislative

Gesetzgebende Gewalt => Parlament: Bundestag, Bundesrat; **Grundsatz:** Rechtsetzung durch die Legislative => Formelle Gesetze (=> siehe Def.); **Beachte: Unterscheide** Gesetz im materiellen Sinn (=> siehe Def.), nur-materielle Gesetze (=> siehe Def.), nur-formelle Gesetze (=> siehe Def.), formell-materielle Gesetze (=> siehe Def.).

Formelles Gesetz

Parlamentsgesetze. Regelung, die von einem verfassungsrechtlich vorgesehenen demokratisch legitimierten **Gesetzgebungsorgan** in einem Gesetzgebungsverfahren erlassen wurde.

Materielles Gesetz

Jede vom Staat erlassene verbindliche **abstrakt-generelle Regelung**, die gegenüber Bürgern **Außenwirkung** entfaltet => **Abstrakt** ist eine Regelung, wenn sie **unbestimmt** viele Sachverhalte regelt. **Generell** ist eine Regelung, wenn sie an eine **unbestimmte** Zahl von unmittelbaren Adressaten gerichtet ist; **Beachte:** Formelle Gesetze sind in aller · Regel zugleich Gesetze im materiellen Sinn (= formell-materielles Gesetz, siehe Def.).

Nur-materielles Gesetz

Gesetz, das nicht von einem Parlament, sondern von der **Exekutive** erlassen wurde => Gesetze im nur-materiellen Sinn bedürfen **keines** förmlichen Gesetzgebungsverfahrens. Bspe.: **a) Rechtsverordnung** (=> siehe Def.), z. B. die Straßenverkehrsordnung (StVO), **b) Satzung** (=> siehe Def.), z. B. ein Bebauungsplan.

Nur-formelles Gesetz

Gesetz, das sich auf den **Innen-bereich** des Hoheitsträgers beschränkt => Nur-formellen Gesetzen **fehlt** der allgemeinverbindliche, abstrakt-generelle Charakter bzw. die Außenwirkung, d. h. ihnen kommt nur eine **staats-interne Wirkung** zu. Bspe.: Feststellung des Haushaltsplans (Art. 110 II 1 GG), Zustimmung zu völkerrechtlichen Verträgen (Art. 59 II GG).

Formell-materielles Gesetz

Das **formell-materielle** Gesetz enthält Regelungen im **Außen-verhältnis**, also gegenüber den Bürgern, die eine **bestimmte** Handlungs- oder Unterlassungspflicht mit sich bringen.

Einzelfallgesetz

Gesetz, das von vornherein nur auf einen **bestimmten** Einzelfall Anwendung findet => **Beachte:** **a)** Es kann sich auch dann um ein Einzelfallgesetz handeln, wenn der Tatbestand abstrakt-generell formuliert ist, das Gesetz aber **nur** auf einen Einzelfall Anwendung finden kann; **b)** Es liegt **kein** Einzelfallgesetz vor, wenn **1)** zwar das Gesetz tatsächlich nur in einem Fall zur Anwendung kommt, es aber rechtlich für **viele** Fälle formuliert war, **2)** das Gesetz aus Anlass eines Einzelfalles getroffen wird, aber **abstrakt-generell** ist (= **Maßnahmege-setz**, z. B. Gesetz zur Reduzierung der Arbeitslosigkeit); **c)** Ein Einzelfallgesetz kann gegen **Art. 19 I 1 GG** u. gegen **Art. 3 I GG** verstoßen.

Maßnahmegesetz

Siehe bei Def. Einzelfallgesetz.

Rechtsverordnung

Rechtsnormen, die von der **Exe-kutive** (Regierung, Minister, Verwaltungsbehörde) erlassen wurden => Durchbrechung des Prinzips der Gewaltenteilung, da der Erlass von Rechtsnormen die Aufgabe der Legislative ist. **Aber** es bestehen keine verfassungsrechtliche Bedenken, da die Exekutive **nur aufgrund** einer Ermächtigung der Legislative tätig werden darf (**Art. 80 GG**). **Beachte: a) Art. 80 I 2 GG, Inhalt, Zweck** u. **Ausmaß** der Ermächtigung müssen in der Ermächtigungsnorm **bestimmt** sein = **dreifacher Delegationsfilter; b)** Darüber hinaus muss die **Wesentlichkeitstheorie** (=> siehe Def.) des BVerfG beachtet werden; **c) Vor.** für den Erlass einer Rechtsverordnung: **1.** Gesetzliche Ermächtigung (**Art. 80 I 1 GG**): **a)** Delegationsmöglichkeit des Gesetzgebers, beachte hier u. a. die Wesentlichkeitstheorie, **b)** Bestimmtheit der Verordnungsermächtigung (**Art. 80 I 2 GG**), d. h. der parlamentarische Gesetzgeber muss das **Ziel** der Regelung (= **Normzweck**), die zu **regelnden Bereiche** und die **äußere Grenzen** des Regelungsbereichs festlegen, **c) Adressaten** der Verordnungsermächtigung: Bundesregierung, -minister, Landesregierungen (**Keine** einzelnen Landesminister!); **2. Zitiergebot** (Art. 80 I GG), **3.** Bei Weiterübertragung der Ermächtigung: Art. 80 I 4 GG (wiederum durch Rechtsverordnung), **4.** Liegen die Art. 80 II, III GG vor, ist die Zustimmung des Bundesrates erforderlich.

Satzung

Rechtsnormen, die von einer **öffentlich-rechtlichen Selbstverwaltungskörperschaft**

(Bspe.: Gemeinde, Landkreis) aufgrund der ihr verliehenen Autonomie (z. B. Art. 28 II GG) zur Regelung **eigener** Angelegenheiten erlassen werden => Durch die Satzung werden die **Aufgaben** des Autonomieträgers, seine **Verwaltung** u. die **Rechtsbeziehungen** zu den Mitgliedern normiert; **Merke: a)** Rechtsverordnungen u. Satzungen **unterscheiden** sich i. d. R. nur nach ihrem Normgeber u. nach ihrer Funktion; **b)** Die Anforderungen des Art. 80 GG gelten **nicht (str.)!** Der Unterschied zur Rechtsverordnung besteht darin, dass Satzungen von demokratisch gewählten Organen erlassen werden.

Wesentlichkeitstheorie

Für die Grundrechtsausübung **wesentliche Fragen** sind vom **Parlament selbst** zu **regeln**, weil nur dieses durch Wahlen unmittelbar demokratisch legitimiert ist => In grundlegenden normativen Bereichen muss also der parlamentarische Gesetzgeber alle wesentlichen Regelungen selbst treffen. Er darf diese Aufgabe **nicht** Regierung u. Verwaltung (=> siehe Def.) überlassen, d. h. er darf wesentliche Regelungen nicht über Ermächtigungen an die Exekutive delegieren. Die Delegation an die Exekutive ist **nur zulässig**, wenn **vorhersehbar** ist, in welchen Fällen u. mit welcher Tendenz von der Ermächtigung Gebrauch gemacht werden u. welchen Inhalt die zu erlassende Rechtsverordnung haben kann. Dies ist ein wichtiger Punkt, da das Parlament nicht jedes Detail selbst regeln kann. **Beachte:** In der Klausur ist im-

26

mer zu prüfen, ob die Rechtsver-
ordnung mit **Art. 80 I 2 GG** ver-
einbar ist, d. h. **a)** Prüfung der
Vereinbarkeit der Ermächtigungs-
grundlage mit den Vorgaben des
Art. 80 GG, **b)** Prüfung, ob sich
die Rechtsverordnung an die
Vorgaben der Ermächtigungs-
grundlage hält.

Judikative

**Rechtsprechende Gewalt, Art.
92 ff. GG** => Unabhängige Ge-
richte

Exekutive

**Ausführende/Vollziehende Ge-
walt** => Bundesregierung, Ver-
waltung; **a)** Ausführung der Ge-
setze durch Verwaltung (=> siehe
Def.) u. **b)** Staatsleitung u. -füh-
rung durch Regierung

Verwaltung

Tätigkeit des Staates bzw. eines
sonstigen Trägers öffentlicher
Gewalt **außerhalb** von formeller
Rechtsetzung u. Rechtsprechung
=> Sie dient in erster Linie dem
Vollzug der Gesetze u. der
Verwirklichung der staatlichen
Aufgaben im Einzelfall, d. h. im
Alltag. Ferner dient sie der **Unter-
stützung** der Minister bei der
Wahrnehmung ihrer Regierungs-
aufgaben, z. B. bei der Gesetzes-
vorbereitung oder der Konzeption
der Regierungsprojekte.

Kernbereichslehre

Jeder der **drei** Gewalten (Exe-
kutive, Legislative, Judikative)
muss ein **Kernbereich** eigener
Entscheidungskompetenzen u.
Eigenverantwortung verbleiben
=> Welches der Kernbereich ist,
lässt sich nicht leicht beantwor-
ten. Es existiert keine glatte For-
mel. Der Kernbereich ist dahin
umschrieben worden, dass seine
Verletzung ein **Übergewicht** der

einen über die anderen Gewalten bedeuten würde.

Vertikale Gewaltenteilung

Diese betrifft die Gewaltenteilung zwischen **Bund** u. **Ländern** einerseits u. zwischen **Bund/Ländern** u. **Gemeinden** andererseits.

Gesetzmäßigkeit staatlichen Handelns

Art. 20 III GG => Das bedeutet: 1) **Vorrang der Verfassung** (=> siehe Def.), 2) **Vorrang des Gesetzes** (=> siehe Def.), 3) **Vorbehalt des Gesetzes** (=> siehe Def.).

Vorrang der Verfassung

Staatliche Organe müssen die **Verfassung** beachten => **Kein** staatlicher Akt darf gegen die Verfassung verstoßen! Jedes Gesetz, das gegen die Verfassung (das GG) verstößt, ist **nichtig**, es sei denn, es ist einer verfassungskonformen Auslegung zugänglich.

Vorrang des Gesetzes

Unter dem Prinzip des Vorrangs des Gesetzes versteht man, dass staatliche Maßnahmen nicht gegen **höherrangige Rechtssätze** verstoßen dürfen => Dieses Prinzip gilt **ausnahmslos** für alle staatlichen Bereiche. Bsp.: Liegen die Vor. für eine Gaststättenerlaubnis (§ 3 GastG) vor, dann **muss** die Behörde die Erlaubnis erteilen. Erteilt sie diese nicht, dann liegt ein Verstoß gegen den Vorrang des Gesetzes vor; **Merksatz** für den Vorrang des Gesetzes: **Kein Handeln gegen das Gesetz!**

Vorbehalt des Gesetzes / Gesetzesvorbehalt

Die Verwaltung darf **nur** dann tätig werden, wenn sie **durch** ein **Gesetz** zu einem bestimmten Handeln **ermächtigt** wird =>

Bsp.: Der Gesetzesvorbehalt ergibt sich im Bereich der Grundrechte unmittelbar aus ihnen, da sie nur durch oder aufgrund eines Gesetzes eingeschränkt werden können. **Beachte:** Der Gesetzesvorbehalt gilt **nicht** uneingeschränkt! Unterscheide zwischen **Eingriffsverwaltung** u. **Leistungsverwaltung** (=> siehe jeweils Def.); **Merksatz** für den Vorbehalt des Gesetzes: **Kein Handeln ohne das Gesetz!**

Eingriffsverwaltung

Liegt vor, wenn die Verwaltung durch belastende Maßnahmen, insbes. durch Ge- u. Verbote in die **Freiheitssphäre** oder in das **Eigentum** des Bürgers **eingreift** => Diese Eingriffe bedürfen einer **formell-gesetzlichen Grundlage!** Hauptanwendungsfall im Gefahrenabwehrrecht (z. B. im Gaststätten-, Gewerbe-, Polizei- u. Ordnungsrecht). Hier verlangt der Gesetzesvorbehalt für den Rechtseingriff eine **gesetzliche Ermächtigung** (= **Rechtsgrundlage**), Bsp.: § 15 VersG verleiht den Behörden die Befugnis, die öffentliche Versammlung im Freien zu verbieten oder aufzulösen.

Leistungsverwaltung

Verwaltung greift nicht freiheitsverkürzend in die Rechtssphäre des Bürgers ein, sondern **gewährt** ihm **Leistungen**, d. h. es wird nicht zum Nachteil des Bürgers in seine Grundrechte eingegriffen, sondern es werden vielmehr Leistungen (z. B. Subventionen) „verteilt" => **Umstritten** ist, **ob** u. **inwieweit** der Vorbehalt des Gesetzes auch im Rahmen der Leistungsverwaltung eingreift, ob also z. B. die Vergabe von Subventionen einer gesetzlichen

Grundlage bedarf. Ein **genereller** Gesetzesvorbehalt ist aus Gründen der Effektivität u. Flexibilität des Verwaltungshandelns **abzulehnen**. Folgende Differenzierung muss beachtet werden: Weitgehend besteht **Einigkeit** darüber, dass nur das „Ob" der Leistung im **Haushaltsgesetz** geregelt sein muss, d. h., ob z. B. die Subvention überhaupt gewährt wird. Die konkrete Vergabe, also das „Wie" erfogt dann nach **Richtlinien** (i. S. v. Verwaltungsvorschriften) der Verwaltung. **Ausnahmen: 1)** Der Gesetzesvorbehalt umfasst i. d. R. dann die Leistungsverwaltung, wenn mit der Zuweisung einer Leistung an den Begünstigten eine **untrennbare Wechselwirkung** mit einem Eingriff in die Rechte **Dritter** besteht. So kann z. B. ein nicht begünstigter Konkurrent des Subventionsempfängers im wirtschaftlichen Wettbewerb benachteiligt werden. Bei **zielgerichtetem** Eingriff des Staates in die Rechtssphäre des (Dritt-)Betroffenen bedarf es einer Rechtsgrundlage. **Str.** bei einem nur **mittelbaren** Eingriff: Rechtsgrundlage ist auf jeden Fall erforderlich, wenn es zu einer **unzumutbaren** Grundrechtsbeeinträchtigung kommt. Das wäre z. B. bei einer groben Verzerrung des Wettbewerbs der Fall; **2)** Am Erfordernis einer gesetzlichen Grundlage ist weiter festzuhalten, wenn durch die bereit gestellten Gelder in das Grundrecht der **Pressefreiheit** (Art. 5 GG) oder in die **Religionsfreiheit** (Art. 4 GG) eingegriffen wird. Bsp.: Vergabe von Subventionen an einen privaten Verein oder an eine Zeitung, der/die vor Sekten warnt. Hier besteht die Gefahr einer unkontrollierten staatlichen Einflussnahme auf die Pressefreiheit bzw. den weltanschaulich-religiösen Bereich.

Rechtssicherheit

Bestimmtheit, Klarheit (=> siehe Def.) u. **Verlässlichkeit** der Rechtsordnung u. damit der Rechtsnormen => Der einzelne Bürger muss nicht nur wissen, welches Recht jetzt gerade maßgebend ist, sondern er muss sich gleichsam darauf **verlassen** können, dass die staatlichen Regelungen, an die er seine Erwartungen u. Dispositionen anknüpft, Bestand haben (= **Vertrauensschutz**). Der geforderte Grad an Bestimmtheit ist u. a. auch von der Intensität der Grundrechtsbeeinträchtigung abhängig. Dies macht verständlich, warum im StrafR, das zu besonders schweren Eingriffen ermächtigt, nach **Art. 103 II GG** außerordentliche hohe Anforderungen an die Bestimmtheit von Normen gestellt werden! Im StrafR gilt daher gem. Art. 103 II GG die **Unzulässigkeit** rückwirkender Strafgesetze! Eine Änderung des materiellen StrafR mit belastender Rückwirkung ist also mit dem Rechtsstaatsprinzip **unvereinbar**. Bei den sonstigen belastenden rückwirkenden Gesetzen ist zwischen **echter** u. **unechter Rückwirkung** zu unterscheiden (=> siehe jeweils Def.).

Vertrauensschutz

Siehe bei Def. von Rechtssicherheit.

Rechtsklarheit

Setzt voraus, dass die das gesellschaftliche Zusammenleben regelnden Normen **hinreichend bestimmt** sind => Nach der Rspr. des BVerfG muss daher eine Norm in ihren Vor. u. in ihrem Inhalt so formuliert sein, dass die von ihr Betroffenen die Rechtslage **erkennen** u. ihr Verhalten danach einrichten können, um rechtsstaatlichen Grundsätzen zu genügen. **Beachte: Zulässig** sind i. d. R. a) die Verwendung von **Generalklauseln** (wenn Zielrichtung u. Rahmen der Regelung erkennbar bleiben), b) die Verwendung von **unbestimmten Rechtsbegriffen** (z. B. „Zuverlässigkeit" in § 35 GewO), c) die Einräumung von **Ermessen** (z. B. im PolG)

Echte Rückwirkung

Liegt vor, wenn ein Gesetz **nachträglich ändernd** in abgeschlossene, der Vergangenheit angehörende Tatbestände eingreift => Bsp.: Am 09.05.2014 schreibt Y das Abitur in *zwei* Leistungsfächern. Am 01.01.2015 ergeht ein Gesetz, das vorsieht, dass mit Wirkung vom 01.01.2014 nur Abiturprüfungen als bestanden gelten, wenn die Prüfung in *drei* Leistungsfächern abgelegt wurde. **Zulässigkeit** von echter Rückwirkung: Die echte Rückwirkung von belastenden Gesetzen ist **grundsätzlich unzulässig. Ausnahmen: 1)** wenn **kein schutzwürdiges Vertrauen** des Bürgers besteht oder wenn **2)** ausnahmsweise zwingende Gründe des **öffentlichen Wohls** überwiegen, **3)** wenn ein **Bagatellfall** vorliegt (= entstehender Schaden ist unerheblich). Bspe.: Mit der Rechtsänderung war zu rechnen oder die bisherige Rechtslage war unklar u. verworren, so dass der Bürger auch nicht auf den Bestand des geltenden Rechts vertrauen kann. **Maßgeblicher Zeitpunkt** für den Vertrauensschutz: Der Bürger braucht grundsätzlich mit einer Rechtsänderung erst **ab** der **Beschlussfassung** (Gesetzesbeschluss) im Bundestag rechnen, Regierungsentwurf reicht nicht aus. **Ausnahme:** Wird eine Gesetzesänderung **angekündigt,** bevor der von ihr betroffene Tatbestand abgeschlossen ist, so ist es dem von der Neuregelung Betroffenen zuzumuten, vom Zeitpunkt der Ankündigung an sein Verhalten auf die Gesetzesänderung einzustellen. Hier **fehlt** es also an einem schutzwürdigen Vertrauen, wenn der Adressat die Intention der Neuregelung durch Dispositionen während des Gesetzgebungsverfahrens zu unterlaufen versucht!

Unechte Rückwirkung

Liegt vor, wenn der Gesetzgeber in Sachverhalte eingreift, die in der **Vergangenheit begonnen haben,** jedoch noch **nicht abgeschlossen** sind => M. a. W.: Das Gesetz bestimmt für einen in der Vergangenheit begonnenen, aber noch nicht abgeschlossenen Tatbestand die Rechtsfolgen für die Zukunft neu u. verändert dadurch die Rechtsposition des Bürgers zu dessen **Nachteil.** Bsp.: Veranlagungszeitraum für das Steuerrecht ist das Kalenderjahr. Mit Ablauf eines Veranlagungszeitraumes ist also der Tatbestand des Gesetzes abgeschlossen. Am 28.02.15 wird ein Steuergesetz mit Wirkung zum 01.01.15 geändert. Der maßgebliche Veranlagungszeitraum 2015 ist also noch nicht abgeschlossen. **Maßgeblicher Zeitpunkt** für den Vertrauensschutz: wie bei echter Rückwirkung, **ab** der **Beschlussfassung** im Bundestag. **Zulässigkeit** von unechter Rückwirkung: Sie ist **grundsätzlich zulässig. Ausnahme**: Wenn ein schutzwürdiges Vertrauen beim Bürger besteht u. dieses gegenüber dem Allgemeinwohl **Vorrang** hat, also überwiegt. Bestimmung durch **Abwägung**: Abwägung des Vertrauens des Einzelnen auf den Fortbestand der Regelung gegenüber dem Wohl der Allgemeinheit auf Änderung der Regelung.

Gewährleistung elementarer Freiheits- u. Gleichheitsgrundrechte

Bestimmte grundrechtliche Gewährleistungen werden als Ausprägungen des Rechtsstaatsprinzips verstanden: die Menschenwürde (**Art. 1 I GG**), die Rechtsgleichheit (**Art. 3 GG**) u. allgemein die Grundrechtsbindung aller öffentlichen Gewalt (**Art. 1 III GG**).

Verhältnismäßigkeitsgrundsatz / Übermaßverbot

Dieser Grundsatz sagt, dass eine staatliche Maßnahme/ein Gesetz, die/das in die Grundrechte eingreift, nur dann verhältnismäßig ist, wenn der vom Staat verfolgte Zweck **legitim** (=> siehe Def.) ist u. der Einsatz des Mittels zur Erreichung des Ziels **geeignet, erforderlich** u. **angemessen** ist (=> siehe jeweils Def.).

Legitimer Zweck des Gesetzes / der staatlichen Maßnahme

Ein Zweck ist legitim, wenn er als solcher **verfolgt** werden darf => Das gesetzgeberische Ziel muss auf das **Wohl der Allgemeinheit** gerichtet sein. **Beachte: Weiter**

34

Geeignetheit des Gesetzes / der staatlichen Maßnahme

Beurteilungsspielraum des Gesetzgebers!

Geeignet ist die staatliche Maßnahme, wenn mit ihrer Hilfe das angestrebte Ziel **gefördert** bzw. **erreicht** werden kann => Es kommt allein auf die Zwecktauglichkeit des Mittels u. **nicht** auf die Effektivität der Maßnahme an! **Beachte:** Auch hier wird dem Gesetzgeber hinsichtlich der Tauglichkeit der Maßnahme ein **weiter** Beurteilungs- u. Prognosespielraum zugebilligt!

Erforderlichkeit des Gesetzes / der staatlichen Maßnahme

Die staatliche Maßnahme muss erforderlich sein, d. h. es darf **kein milderes** (= weniger eingreifendes) Mittel geben, das den **gleichen** Erfolg erzielt (mit **vergleichbarem** Aufwand!) => **Merke: 3** Fragen sind hier also zu beantworten: **1)** Gibt es ein anderes Mittel?, **2)** Ist dieses in gleicher Weise geeignet, den Zweck zu erreichen?, **3)** Ist es auch ein milderes, also weniger belastenderes Mittel?

Angemessenheit des Gesetzes / der staatlichen Maßnahme (Übermaßverbot i. e. S.)

Die Intensität des Eingriffs muss noch in einem **angemessenen Verhältnis** zur Bedeutung u. Dringlichkeit des gesetzgeberischen Ziels stehen u. es muss die Grenze der Zumutbarkeit gewahrt bleiben => M. a. W.: Das angestrebte Ziel u. die dafür in Kauf genommene Belastung des Bürgers dürfen nicht **außer Verhältnis** zueinander stehen (Ermittlung durch **Abwägung** zwischen den betroffenen Interessen). **Beachte:** Je **intensiver** das Gesetz in das Grundrecht eingreift, umso **höhere** Anforderungen sind an die Dringlichkeit des gesetzgeberischen Ziels zu stellen. **Gedankliche Überlegungen**: **1)** Welcher Nachteil entsteht dem Grundrechtsträger? Rang des beeinträchtigten Rechtsguts? Bedeutsam oder weniger bedeutsames Rechtsgut? Intensität des Eingriffs? Schwerer oder weniger schwerwiegender Eingriff?, **2)** Welchen Vorteil will der Gesetzgeber erreichen? Welche Rechtsgüter sollen geschützt bzw. gefördert werden? Rang des geschützten / geförderten Rechtsguts? Bedeutsam für die Allgemeinheit?

Bundesstaat

Art. 20 I GG => Das Bundesstaatsprinzip betrifft die Gliederung des Staatsaufbaus der BRD in einen **Gesamtstaat** (= Bund) u. **Gliedstaaten** (= Länder). Dabei besitzen **sowohl der Bund als auch** die **Länder** jeweils eine **eigene** Staatsqualität. **Beachte: a)** Abgrenzung zum **Staatenbund** (=> siehe Def.); **b)** Wichtiges Merkmal des Bundesstaatsprinzips: **Eigenstaatlichkeit** von Bund u. Ländern: Trennung der Ebenen (= **vertikale Gewaltenteilung**, siehe Def.) u. eigenverantwortliche Gestaltung der eigenen Rechtsordnung (= **Verfassungsautonomie**). Die sich daraus ergebenen Konflikte werden begrenzt durch: **1)** das **Homogenitätsprinzip**, Art. 28 I 1 GG (=> siehe Def.), **2)** Gegenseitige **Einwirkungsrechte**, z. B. Art. 50, 76, 77, 84 GG u. insbes. das Recht zum **Bundeszwang**, Art. 37 GG (=> siehe Def.), **3)** die **Bundestreue** (=> siehe Def.), **4)** durch **Kompetenz-** u. **Kollisionsregelungen**, z. B. Art. 30, 70, 83 GG u. Art. 31 GG. Gem.

Art. 31 GG bricht Bundesrecht das entgegenstehende Landesrecht!; **c)** Unterscheide: Theorie des **zweigliedrigen** Bundesstaats von der Theorie des **dreigliedrigen** Bundesstaats (=> siehe jeweils Def.)

Staatenbund

Loser völkerrechtlicher Zusammenschluss **selbständiger** Staaten, die **gemeinsame** Organe zur Besorgung bestimmter Angelegenheiten haben => Hier haben nur die **Gliedstaaten** Staatsqualität, das gesamte **Bündnis** aber **nicht**! Bsp.: Deutscher Bund (1815-1866). Gegenteil: **Zentralstaat**. Hier hat nur der **Gesamtstaat** Staatsqualität.

Zentralstaat
Homogenitätsprinzip

Siehe bei Def. von Staatenbund
Art. 28 I 1 GG. Länderverfassungen müssen den Grundsätzen des republikanischen, demokratischen u. sozialen Rechtsstaates im Sinne des GG entsprechen => **Beachte:** Abweichungen von der Bundesverfassung sind aber **zulässig**, soweit die **wesentlichen** Elemente der in Art. 28 I 1 GG genannten Grundsätze gewahrt bleiben!

Bundeszwang

Art. 37 GG => Wenn ein Land seinen Verpflichtungen gegenüber dem Bund nicht nachkommt, dann greift Art. 37 GG ein. Danach kann der Bund das Land im Wege des Bundeszwangs zur **Erfüllung seiner Pflichten** anhalten. **Beachte: Zustimmung** des **Bundesrates** ist erforderlich! Bsp. für Maßnahmen des Bundes: Sperrung der Finanzmittel.

Bundestreue

Pflicht zur **wechselseitigen Rücksichtnahme** im Verhältnis Bund – Länder, aber auch der Länder untereinander => Die Länder sind also gehalten, auf die Interessen des Bundes Rücksicht zu nehmen, während der Bund bei seinem Handeln stets auch die Interessen der Länder berücksichtigen muss. **Beachte:** Bundestreue ist in der Verfassung zwar selbst nicht normiert, ergibt sich aber aus dem Bundesstaatsprinzip.

Zweigliedriger Bundesstaat

In einem Bundesstaat existieren lediglich der **Bundesstaat** u. die **Gliedstaaten** (= Länder) => BVerfG hat sich dieser Theorie angeschlossen!

Dreigliedriger Bundesstaat

Danach werden die **Gliedstaaten** (Länder) u. der **Zentralstaat** (Bund) von einem **Gesamtstaat** (BRD) umschlossen => Beim zweigliedrigen Bundesstaat bildet also der Zentralstaat zugleich den Gesamtstaat.

Kooperativer Föderalismus

Neben den im GG selbst kooperativen Einrichtungen (z. B. Art. 91a, 91b GG) sind **weitere Kooperationsformen** im Bund-Länder-Verhältnis u. zwischen den Ländern geschaffen worden => **1) Vertragliche Regelungen, 2) Gemeinsame Ländereinrichtungen**, z. B. ZDF, ZVS, **3) Informelle Kontakte**, z. B. Anfragen, **4) Konferenzen u. Ausschüsse**, z. B. Konferenz der Kultusminister der Länder, **5) Musterentwürfe** für Landesgesetze: Bundes- u. Ländervertreter erarbeiten gemeinsam einen Gesetzesentwurf.

Sozialstaat

Art. 20 I, Art. 28 I GG => Das Sozialstaatsprinzip verpflichtet den Staat zur **Herstellung** u. **Erhaltung sozialer Sicherheit** u. **sozialer Gerechtigkeit** (u. zwar in allen Rechtsbereichen!). Bspe.: Sozialhilfe, Kranken-, Renten-, Arbeitslosenversicherung, Abbau von sozialen Gegensätzen u. Ungleichheiten, Schutz des sozial Schwachen. Aus Art. 20 I GG ergibt sich der Auftrag an Legislative, Exekutive u. Judikative, das Sozialstaatsprinzip zu **konkretisieren** u. zu **verwirklichen**. So ist das Prinzip vor allem von der Exekutive bei der Anwendung von Normen (bei Ermessensentscheidungen) u. von den Gerichten bei der Auslegung u. Prüfung von Normen zu beachten! **Beachte: a)** Das Sozialstaatsprinzip richtet sich als **Staatszielbestimmung** in erster Linie an den **Gesetzgeber**, dem bei der Umsetzung ein **weiter** Gestaltungsspielraum zugebilligt wird. Folgende Rahmenbedingungen lassen sich für den Gesetzgeber herleiten: **1) Sozialgestaltung**, d. h. der Staat ist verpflichtet, im sozialen u. wirtschaftlichen Bereich tätig zu werden, **2) Leistungserbringung**, d. h. der Staat muss soziale Mindeststandards absichern (z. B. durch Sozialhilfe), **3) Sozialer Ausgleich** zwischen den einzelnen Bevölkerungsgruppen, um soziale Gerechtigkeit herbeizuführen; **b)** Als obj. Verfassungsnorm begründet das Prinzip **keinerlei subjektive Rechte** des einzelnen Bürgers gegen den Staat, z. B. keinen Anspruch auf Schaffung von zusätzlichen Studienplätzen. **Enge Ausnahme:** Der Bürger hat einen Anspruch auf Gewährung des **Existenzminimums** (Herleitung aus dem Sozialstaatsprinzip i. V. m. Art. 1 I, 2 II GG). Aber: Die Sicherung des Existenzminimums ist seit dem 1.1.2005 im Sozialgesetzbuch integriert u. damit bedarf es keines Rückgriffs auf das Sozialstaatsprinzip!

Umwelt-/Tierschutz

Art. 20a GG => Der Gesetzgeber muss den Umweltschutz bei den gesetzgeberischen Tätigkeiten berücksichtigen u. muss sich dabei gem. Art. 20a GG im Rahmen der verfassungsmäßigen Ordnung bewegen. **Beachte:** Auch hier existiert ein **weiter** Gestaltungsspielraum des Gesetzgebers!

Partei

Legaldef. in **§ 2 I ParteiG** => **Merke: 1) Vereinigung** von Bürgern, **2) Feste** u. **dauerhafte** Organisation dieser Vereinigung, **3)** Ziel, im Bundestag u./oder Landtag **mitzuwirken, 4) Ernsthaftigkeit** dieser Zielsetzung. **Beachte: a) Zentrale Norm** bzgl. der Parteien ist **Art. 21 GG; b)** Politische Parteien zählen selbst **nicht** zu den Staatsorganen, nehmen aber im Hinblick auf Art. 21 GG den Rang einer verfassungsrechtlichen Institution ein; **c) Aufgabe** der politischen Partei: Als Vermittlungs- u. Transformationsinstanz den **politischen Willen** der Bürger **formen, kollektivieren** u. in die Staatsorganisation **einbringen.**

Gründungsfreiheit der politischen Partei

Art. 21 I 2 GG. Die Gründung einer Partei darf weder von **formellen** noch von **materiellen** Vor. abhängig gemacht werden => **Umfasst** wird dabei auch das

Recht, die Organisation u. das Programm selbst festzulegen sowie die Freiheit, einer Partei beizutreten oder aus ihr auszutreten.

Chancengleichheit der politischen Partei

Aus **Art. 21 I 1 GG** i. V. m. **Art. 3 I GG** folgt das Recht aller Parteien auf **Gleichbehandlung** => Der Staat muss, wenn er den Parteien Einrichtungen zur Verfügung stellt oder andere öffentliche Leistungen gewährt, **alle** Parteien **gleich** behandeln. **Beachte:** Mit dem Grundsatz der Chancengleichheit ist es jedoch **vereinbar**, den **Umfang** der Leistungen an die Parteien entspr. ihrer unterschiedlichen Größe u. Bedeutung **abzustufen** (vgl. § 5 I 2 - 4 ParteiG).

Parteienprivileg

Das BVerfG hat gem. **Art. 21 II 2 GG** die **ausschließliche** Kompetenz, ein Parteienverbot auszusprechen => Solange eine Partei **nicht** vom BVerfG für verfassungswidrig erklärt worden ist, darf sie von **keiner** staatlichen Stelle wegen ihrer Zielsetzung benachteiligt werden. Bsp.: Während eines Wahlkampfes darf nicht die Bereitstellung der Stadthalle mit der Begründung versagt werden, die Partei sei verfassungswidrig.

Unmittelbare Parteienfinanzierung

Parteien werden **direkt** vom **Staat** durch Geldbeträge bezuschusst => Maßgebend sind die **§§ 18 ff. ParteiG**. Allerdings soll nur eine **Teilfinanzierung** ermöglicht werden. Für die **Höhe** ist **1)** der **Erfolg** entscheidend, den eine Partei bei den Wählern bei Europa-, Bundestags- u. Landtagswahlen erzielt, **2)** die

Summe ihrer Mitgliedsbeiträge u. 3) der **Umfang** der von ihr eingeworbenen Spenden (vgl. § 18 I 2 ParteiG). **Beachte:** Eine **vollständige** Parteienfinanzierung durch den Staat wird als **unzulässig** angesehen, da dies die Gefahr einer Verstaatlichung beinhalten würde. Aus diesem Grund dürfen die Parteien nur das vom Staat erhalten, was für die Aufrechterhaltung ihrer Funktionsfähigkeit unerlässlich ist u. von ihnen selbst nicht aufgebracht werden kann.

Mittelbare Parteienfinanzierung

Hier werden nur die **steuerliche Absetzbarkeit** von Mitgliedsbeiträgen u. **Spenden** für Parteien erfasst.

Parteiverbotsverfahren

Dies richtet sich nach **Art. 21 II 2 GG, §§ 13 Nr. 2, 43 ff. BVerfGG** => **Aufbauschema**: A) **Zulässigkeit** des Antrags: **1) Antragsberechtigung** gem. § 43 I BVerfGG, **2) Antragsgegenstand**: Feststellung der Verfassungswidrigkeit der Partei, **3) Antragsgegner**: Politische Partei (Prozessführungsbefugnis u. passive Legitimation gem. § 3 ParteiG), wobei sich ihre Vertretung nach § 44 BVerfGG richtet, **4) Vorverfahren** gem. § 45 BVerfGG, **5) Schriftliche Einreichung** u. **Begründung** des Antrags gem. § 23 I BVerfGG; **B) Begründetheit** des Antrags: Hierzu müssen die Vor. des **Art. 21 II 1 GG** (lesen!) vorliegen. **RF:** BVerfG stellt gem. § 46 I BVerfGG die **Verfassungswidrigkeit** der politischen Partei fest u. damit greift **§ 46 III 1 BVerfGG** ein.

Freiheitliche demokratische Grundordnung

Art. 21 II 1 => Es ist die Umschreibung derjenigen Elemente u. Mechanismen, die den Prozess **freier Demokratie** im Gemeinwesen wirksam organisieren u. sichern sollen. Bspe.: Achtung vor den im GG konkretisierten Menschenrechten; Gewaltenteilung; Volkssouveränität; Unabhängigkeit der Gerichte.

Bundestag

Das **Parlament** => **Beachte: a) Wahl** des Bundestages: Nach **Art. 38 I GG** werden die Abgeordneten des Bundestages in allgemeiner, unmittelbarer, freier, gleicher u. geheimer Wahl gewählt (=> siehe jeweils Def.); **b) Wahlperiode**: Der Bundestag wird auf **vier** Jahre gewählt (Art. 39 I 1 GG), seine Legislaturperiode beginnt mit seinem **ersten** Zusammentritt u. **endet** mit dem Zusammentritt eines neuen Bundestages (Art. 39 I 2 GG), **Ausnahme**: außerordentliches Ende nach **Art. 63 IV 3, 68 I GG**; **c) Hauptaufgaben** u. **Befugnisse**: **1) Gesetzgebung** (vgl. Art. 76 ff. GG), **2) Kontrollfunktion** (vgl. z. B. Art. 43 I, 44, 45b u. c, 67 GG), **3) Wahlfunktion** (vgl. z. B. Art. 54, 63, 94 I GG), **4) Budgetrecht** (vgl. Art. 110 GG); **d)** Unterscheide **echte** von **schlichten** Parlamentsbeschlüssen (=> siehe jeweils Def.); **e)** Beachte den Grundsatz der **Diskontinuität** (=> siehe Def.); **f) Art. 40 I 2 GG**: Der Bundestag gibt sich eine Geschäftsordnung (=> siehe Def.); **g) Rechtsstellung** der Abgeordneten: Art. 38 I 2 GG (= **freies Mandat**, siehe Def.).

Echter Parlamentsbeschluss	**Verbindlicher** Beschluss des Bundestags => Gesetzesbeschluss
Schlichter Parlamentsbeschluss	Beschluss des Bundestags **ohne** rechtliche Verbindlichkeit
Grundsatz der Diskontinuität	Dieser Grundsatz bestimmt für den Fall der Auflösung oder Beendigung des Bundestages RFn in **persönlicher u. sachlicher** Hinsicht = Persönliche u. sachliche Diskontinuität (=> siehe jeweils Def.)
Persönliche Diskontinuität	Mit dem Ende einer Legislaturperiode **verlieren** alle Mitglieder des Bundestages ihr Abgeordnetenmandat.
Sachliche Diskontinuität	Mit dem Ende einer Legislaturperiode gelten grundsätzlich alle Beschlussvorlagen als **erledigt** => Mit dem Ende der Legislaturperiode entfällt nämlich die demokratische Legitimation des alten Bundestages u. der neue Bundestag soll dann nicht die politische Verantwortung für die Arbeit des alten tragen! **Beachte:** Der Grundsatz der sachlichen Diskontinuität gilt **nur** für den Bundestag u. **nicht** für Bundesrat u. -regierung. **Ausnahme:** Handlungen des Bundesrates bzw. der -regierung, die eine erneute Beschlussfassung im Bundestag erfordern, gelten auch als **erledigt**!
Geschäftsordnung des Bundestags	Diese ist eine **autonome** Satzung (h. M.), die dem GG u. formellen Gesetz im Rang **nachsteht** => **Beachte: a)** Die GO BT stellt das Innenrecht bzw. die **innere Ordnung** des Bundestags dar u. entfaltet deswegen nur dort ihre Wirkung!; **b) Verstöße** ge-

gen die GO BT führen **nicht** grundsätzlich zur Verfassungswidrigkeit des Gesetzes. Argument: **Art. 82 GG**: „...**dieses** Grundgesetzes...". Die Vorschriften der GO BT gehören eben **nicht** zu diesem GG. **Ausnahme**: Wenn die verletzte Vorschrift der GO einen **verfassungsrelevanten** Inhalt besitzt, indem sie etwa eine Bestimmung des GG **wiederholt** oder einen wesentlichen Verfassungsinhalt **konkretisiert**.

Untersuchungsausschuss

Art. 44 I GG => **Aufgabe**: Aufklärung von Tatsachen bei öffentlichem Interesse (d. h. Untersuchung der Sachverhalte u. Berichterstattung gegenüber dem Bundestag), z. B. Skandale einer Partei; **Beachte:** Bei Einsetzung von Untersuchungsausschüssen gilt die Unterscheidung zwischen sog. **Mehrheitsenquete** u. **Minderheitsenquete** (=> siehe jeweils Def.)

Mehrheitsenquete

Beruht auf einem **Mehrheitsbeschluss** des Bundestags (**Art. 42 II 1 GG**)

Minderheitsenquete

Antrag auf Einsetzung eines Untersuchungsausschusses muss von mindestens ¼ der Mitglieder des Bundestags gestellt werden => **Beachte:** Die Mehrheit des Bundestags darf die Einsetzung nur aus **rechtlichen** Gründen ablehnen, z. B. wegen Unzulässigkeit des Untersuchungsgegenstandes. Ein Recht, den Untersuchungsgegenstand zu erweitern oder zu verkürzen, kommt ihr **nicht** zu!

Freies Mandat

Gem. **Art. 38 I 2 GG** sind die Abgeordneten Vertreter des ganzen Volkes, an Aufträge u. Weisungen **nicht** gebunden u. **nur** ihrem **Gewissen** unterworfen => Unterschied zu **imperativen Mandat** (=> siehe Def.); **Beachte:** Wichtige **Befugnisse** der Abgeordneten: Rede- u. Stimmrecht; Antrags- u. Initiativrecht; Frage- u. Informationsrecht gegenüber der Regierung; Mitwirkung in Ausschüssen; Recht auf Teilnahme an den Abstimmungen u. Wahlen; Recht auf Teilnahme an den Sitzungen des Bundestags; ferner genießen die Abgeordneten das Recht auf **Indemnität** u. **Immunität** (=> siehe jeweils Def.); Sie haben einen Anspruch auf eine **angemessene** Entschädigung (Art. 48 III GG, §§ 11 ff. AbgG).

Indemnität des Abgeordneten

Art. 46 I GG => Der Abgeordnete darf zu **keiner** Zeit, d. h. also auch dann nicht, wenn er sein Mandat nicht mehr ausübt, wegen einer Stimmabgabe oder Äußerung im Bundestag bzw. in einer Ausschuss- oder Fraktionssitzung zur Verantwortung gezogen werden. **Ausnahme:** Die Indemnität gilt **nicht** für **Verleumdungen** (Art. 46 I 2 GG).

Immunität des Abgeordneten

Art. 46 II GG => Diese schützt den Abgeordneten insgesamt für alle Tätigkeiten vor **strafrechtlicher** Verfolgung. Allerdings kann der Bundestag die Immunität des Abgeordneten **aufheben**, d. h. ohne diese Aufhebung besteht für die Strafverfolgung ein Verfahrenshindernis. **Beachte: a)** Die Immunität ist auf die Zeit als Abgeordneter **beschränkt**, greift

46

jedoch auch für Straftaten, die außerhalb des Plenums (=> siehe Def.) begangen werden; **b)** Die Immunität bietet **keinen** Schutz vor **zivilrechtlichen** Ansprüchen!

Plenum des Bundesrates

Das ist die Versammlung aller 69 Mitglieder.

Imperatives Mandat

Hier hat der Abgeordnete die **Weisungen** seiner Wähler zu **befolgen** u. kann jederzeit abgewählt werden, wenn er diesen nicht entspricht => Bsp.: Imperatives Mandat bei der Stimmabgabe im Bundesrat (vgl. Art. 51 III 2 GG, einheitliche Stimmabgabe durch Weisungen der Landesregierungen an ihre Bundesratsmitglieder); verwandt mit dem imperativen Mandat ist der **Fraktionszwang** (=> siehe Def.).

Fraktionszwang

Bedeutet die **Verpflichtung** eines Abgeordneten zur Abstimmung im Sinne eines vorher durch Beschluss herbeigeführten Ergebnisses => **Beachte: a)** Ein für die Abgeordneten **verbindlicher** Fraktionszwang ist **verfassungswidrig** u. damit unwirksam. **Grund:** Abgeordneter ist **nur** seinem Gewissen unterworfen (Art. 38 I 2 GG). Widerspricht eine Weisung seinem Gewissen, dann **muss** er anders abstimmen, als die Fraktion es von ihm verlangt! Die Partei hat dann nur noch die Möglichkeit, einen Parteiausschluss gegen diesen Abgeordneten einzuleiten. Allerdings müssen hierbei die Vor. des § 10 IV ParteiG vorliegen!; **b)** Anders verhält es sich bei der sog. **Fraktionsdisziplin** (=> siehe Def.).

Fraktionsdisziplin

Bestreben der Fraktion, ein **einheitliches** Auftreten in der Parlamentsarbeit zu erreichen => Diese rechtlich unverbindliche Einwirkung ist **zulässig**. Denn bei wichtigen Entscheidungen, bei denen aus politischen Gründen eine Geschlossenheit der Fraktion notwendig ist, muss der Fraktionsmehrheit das Recht eingeräumt werden, eine loyale Entscheidung ihrer übrigen Mitglieder erwarten zu dürfen!

Fraktion

Legaldef. in **§ 10 I 1 GO BT** => Weitere Regelungen finden sich in den §§ 45 ff. AbgG.

Bundesrat

Der Bundesrat ist ein **Bundesorgan** u. besteht aus Mitgliedern der Regierungen der Länder, die sie bestellen u. abberufen (Art. 51 I 1 GG) => Die Länder haben je nach Einwohnerzahl drei bis sechs Stimmen im Bundesrat u. können demnach drei bis sechs Mitglieder in den Bundesrat entsenden (Art. 51 II, III 1 GG). Insgesamt ergeben sich **69** Mitglieder/Stimmen; **Beachte:** Die Stimmen eines jeden Landes im Bundesrat müssen **einheitlich** abgegeben werden. Dies setzt eine vorhergehende Festlegung der Stimmabgabe voraus. Beachte hierbei, dass die Mitglieder im Bundesrat **weisungsgebunden** sind (= imperatives Mandat, siehe Def.). **Konsequenzen** einer uneinheitlichen Stimmabgabe: 3 Meinungen: **1)** Es zählt die Stimme des **Stimmführers**, also die des Ministerpräsidenten. Die abweichenden Stimmen werden dann im Sinne der Stimme des Stimmführers mitgezählt. **2)** Die Bundesratsabstimmung ist insgesamt **unwirksam** u. muss **wiederholt** werden. **3) H. M.: Ungültigkeit** der uneinheitlich abgegebenen Stimmen des Landes. Die Abstimmung **insgesamt** bleibt aber davon unberührt u. muss **nicht** wiederholt werden. **Ausnahme**: Wiederholung dann, wenn durch die Ungültigkeit die **absolute** Mehrheit nicht erreicht wird, d. h. es müssen mindestens 35 Ja-Stimmen vorhanden sein, damit der Bundesrat einen Beschluss fassen kann; Argument für die h. M.: Für die erste u. zweite Auffassung finden sich keine Stützen bzw. Anhaltspunkte im GG; Bsp.: Uneinheitliche Stimmabgabe bei dem Zuwanderungsgesetz 2002, bei dem der Ministerpräsident des Landes Brandenburg mit „Ja" u. der Innenminister mit „Nein" votierte. Bundesratspräsident hat die Stimmen des Landes gleichwohl als gültige Ja-Stimmen gewertet, d. h. das Zuwanderungsgesetz ist formell verfassungswidrig zustande gekommen; **Aufgaben** des Bundesrates: **1)** Mitwirkung bei der Gesetzgebung des Bundes (vgl. Art. 76 I, II, 77 GG); **2)** Mitwirkung im Bereich der Exekutive (vgl. Art. 50, 80 II, 84 II, 85 II GG); **3)** Mitwirkung in Angelegenheiten der EU (vgl. Art. 23 GG); **4)** Mitwirkung im Bereich der Judikative (vgl. Art. 94 I GG).

Bundesregierung

Sie setzt sich aus dem **Bundeskanzler** (=> siehe Def.) u. den **Bundesministern** zusammen (**Art. 62 GG**) = **Kabinett** => **Kompetenzen** innerhalb der Bundesregierung (**Art. 65 GG**): **1) Kanzlerprinzip** (= Richtlinienkompetenz), **2) Ressortprinzip**,

3) **Kollegialprinzip** (=> siehe jeweils Def.); **Rangverhältnis**: Kanzlerprinzip hat stets Vorrang!

Bundeskanzler

Art. 63 GG => **Wahl** des Bundeskanzlers: Er wird auf **Vorschlag** des Bundespräsidenten vom Bundestag ohne Aussprache gewählt (**Art. 63 I GG**). Der Bundespräsident schlägt i. d. R. den Kandidaten der Mehrheitspartei bzw. -koalition vor. Der Bundeskanzler benötigt eine **absolute Mehrheit** der Stimmen der Mitglieder des Bundestages (**Art. 63 II**). Hat er diese erreicht, so ist der Bundespräsident zur Ernennung des Bundeskanzlers **verpflichtet**. Wenn der Vorgeschlagene nicht die absolute Mehrheit erreicht, so kann der Bundestag binnen 14 Tagen nach dem Wahlgang mit mehr als der Hälfte seiner Mitglieder einen Bundeskanzler wählen, ohne dass hierzu ein Vorschlag des Bundespräsidenten vorliegen müsste (**Art. 63 III**). Kommt **keine** Wahl innerhalb dieser Frist zustande, gilt **Art. 63 IV GG**; **Amtsdauer**: Bis zum Zusammentritt eines neuen Bundestages, **Art. 69 II GG, Ausnahme**: Konstruktives Misstrauensvotum (Art. 67 GG), Vertrauensfrage (Art. 68 I GG); **Beachte**: Der Bundeskanzler hat das Recht, die **Zahl** u. die **Aufgaben** der einzelnen Bundesminister festzulegen (= Bestimmung der personellen Besetzung des Kabinetts): Außerdem muss er die Arbeit der einzelnen Minister **koordinieren** (=> siehe Kanzlerprinzip).

50

Kanzlerprinzip / Richtlinienkompetenz

Art. 65 S. 1 GG => Der Bundeskanzler bestimmt die **Richtlinien der Politik** u. trägt dafür Verantwortung. Was noch unter die Richtlinien fällt, ist im Einzelfall schwer zu bestimmen. Eine **enge** Auslegung ist jedoch zu bevorzugen, um die anderen Prinzipien nicht völlig leerlaufen zu lassen. Bei den **Richtlinien** geht es um die grundlegenden politischen Leitentscheidungen, z. B. Ausstieg aus der Kernenergie. **Beachte: a)** Die Richtlinien **binden** die Einzelminister als Leiter ihres Ministeriums, jedoch **nicht** andere Verfassungsorgane!; **b)** Nach **h. M.** können auch **Einzelfallentscheidungen** unter den Begriff der Richtlinie fallen. **Argument**: Der Bundeskanzler ist nach dem GG die Führung der Regierung übertragen, d. h. er trägt die **volle** Verantwortung gegenüber dem Parlament. **Aber**: Der Bundeskanzler darf nicht die Kompetenz eines einzelnen Ministers völlig **aushöhlen**, d. h. die Einzelfallentscheidung muss eine Frage von **besonderer** Bedeutung für die Staatslehre betreffen.

Ressortprinzip

Art. 65 S. 2 GG => Jeder Minister leitet seinen Geschäftsbereich innerhalb der durch die Richtlinien vorgegebenen Grenzen **selbstständig** u. unter **eigener Verantwortung**; **Beachte**: Die Bundesminister sind an die Weisungen des Bundeskanzlers **gebunden!**

Kollegialprinzip

Art. 65 S. 3, 4 GG => Über Streitigkeiten zwischen den Bundesministern entscheidet die **Regierung** als Gesamtheit. Findet nur in **ressortübergreifenden** Angelegenheiten Anwendung, die nicht von Richtlinien des Bundeskanzlers erfasst werden!

Bundespräsident

Staatsoberhaupt der BRD => **Aufgaben: 1)** In erster Linie **Repräsentationsfunktion** nach innen u. außen (vgl. Art. 59 I GG); **2) Integrationsfunktion** im staatlichen u. gesellschaftlichen Bereich (partei- u. länderübergreifend); **3) Reservefunktion.** So versucht der Bundespräsident z. B. bei Krisen der Regierung wieder eine stabile Regierung herzustellen, vgl. Art. 68 I 1, 63 IV 3, 68 I 1, 69 III GG; **Beachte:** Der Bundespräsident ist von **eigenständiger** politischer Staatsleitung **ausgeschlossen (Art. 58 S. 1 GG**, siehe Def. „Anordnungen u. Verfügungen") u. darf **keinen** Einfluss auf die politische Willensbildung der Staatsleitung ausüben; **Wahl:** Er wird durch die **Bundesversammlung (Art. 54 III GG**) gewählt (Art. 54 I GG), die **Amtszeit** beträgt **5** Jahre (Art. 54 II GG); **Besonderheiten: a) Prüfungsbefugnis** bei der **Ausfertigung** von Gesetzen (Art. 82 I GG)? **1) Unstreitig** ist, dass er eine **formelle** Prüfungsbefugnis besitzt. Sie betrifft die Frage, ob das Gesetz unter der Beachtung der Zuständigkeits-, Verfahrensu. Formvorschriften zustande gekommen ist („Staatsnotar"). Prüfungsbefugnis ergibt sich aus dem Wortlaut des **Art. 82 I GG; 2) Materielles** Prüfungsrecht? Dies betrifft die Frage, ob das Gesetz **inhaltlich** mit der Verfassung, insbes. mit den Grundrechten u. den Verfassungsprinzipien, vereinbar ist: **1. A.:** Dem Bundespräsident steht **nur** ein formelles Prüfungsrecht zu. **2. A.**: Dem Bundespräsident steht **auch** ein **materielles** Prüfungsrecht zu. **3. H. M.**: Prüfungsrecht beschränkt auf eine **Evidenzkontrolle**, d. h. materielles Prüfungsrecht besteht nur bei **offensichtlichen** Verstößen gegen die Verfassung. **b)** Rechtliche **Prüfungsbefugnis** bei der **Ernennung** u. **Entlassung** von **Ministern?**: **1) H. M.**: **Allein rechtliche** Prüfungsbefugnis, die sich auf die Voraussetzungen für die Ernennung beschränkt. **2) Eingeschränktes** politisches Prüfungsrecht. Danach soll der Bundespräsident das Recht haben, bei einer **Gefährdung** des Staatswohls die Ernennung zu verweigern. **Argument** gegen diese Ansicht: Würde der Bundespräsident aufgrund seiner politischen Überzeugung die Ernennung verweigern, dann würde er an der Gestaltung der Politik teilhaben. Genau das verwehrt ihm aber die Verfassung!

Anordnungen u. Verfügungen (Art. 58 S. 1 GG)

Darunter fallen alle rechtlich **verbindlichen** Akte des Bundespräsidenten (also nur **rechtsförmliches** Handeln) => Mit der Abzeichnung durch die Bundesregierung übernimmt diese die politische Verantwortung; **M.M.**: Auch alle **anderen** amtlichen u. politisch bedeutsamen Erklärungen u. Handlungen des Bundespräsidenten fallen darunter, z. B. Reden oder Stellungnahmen des Bundespräsidenten.

Gesetzgebungskompetenz

Die **Grundregel** für die Verteilung der Gesetzgebungskompetenzen zwischen Bund u. Ländern enthält die Vorschrift des

Art. 70 I GG: Hiernach haben **grundsätzlich** die **Länder** das Recht zur Gesetzgebung, soweit nicht das GG dem Bund Gesetzgebungsbefugnisse verleiht => **Beachte:** Unterscheide folgende **geschriebene** Gesetzgebungskompetenzen: **a) Ausschließliche** Gesetzgebungskompetenz des Bundes, **b) Konkurrierende** Gesetzgebung, **c) Grundsatzgesetzgebung**; **Ungeschriebene** Gesetzgebungskompetenzen: **d)** Bundeskompetenz kraft **Sachzusammenhangs, e) Annexkompetenz** des Bundes, **f)** Bundeskompetenz kraft **Natur der Sache** (=> siehe jeweils Def.)

Ausschließliche Gesetzgebungskompetenz

Art. 71 GG => Bedeutet, dass die davon erfassten Materien dem **Bundesgesetzgeber** vorbehalten sind. Die Länder sind nur bei **ausdrücklicher** Ermächtigung durch ein Bundesgesetz zuständig. Gegenstände der ausschließlichen Gesetzgebung des Bundes werden in **Art. 73 GG** enumerativ aufgelistet. **Beachte:** Katalog des Art. 73 GG ist **nicht** abschließend (vgl. z. B. Art. 105 I GG). Bund hat ebenfalls in den Fällen die ausschließliche Gesetzgebungsbefugnis, in denen das GG eine Regelung „**durch Bundesgesetz**" vorsieht. Bspe.: Art. 4 III 2, 21 III, 38 III GG

Konkurrierende Gesetzgebung

Art. 72 GG => Hier sind Bund u. Länder grundsätzlich **gleichermaßen** zur Gesetzgebung befugt. **Aber**: Gem. **Art. 72 I GG** haben die Länder die Befugnis zur Gesetzgebung grds. **nur**, solange u. soweit der Bundesgesetzgeber von seiner Zuständigkeit nicht Gebrauch gemacht hat

(**Vorrang des Bundes**). Die Bereiche, in denen eine konkurrierende Gesetzgebungskompetenz besteht, sind in **Art. 74 GG** katalogartig aufgeführt. **Beachte:** Nach **Art. 72 II** GG darf der Bund in den Fällen des **Art. 74 I Nr. 4, 7, 11, 13, 15, 19a, 20, 22, 25 und 26 GG** nur tätig werden, wenn u. soweit dies zur Herstellung gleichwertiger Lebensverhältnisse im Bundesgebiet oder zur Wahrung der Rechts- oder Wirtschaftseinheit im gesamtstaatlichen Interesse erforderlich ist (=> **restriktive** Auslegung!, siehe jeweils Def.).

Herstellung gleichwertiger Lebensverhältnisse (Art. 72 II GG)

Eine Regelung ist zur Herstellung gleichwertiger Lebensverhältnisse erst dann erforderlich, wenn sich die Lebensverhältnisse in den Ländern in **erheblicher**, das bundesstaatliche Sozialgefüge beeinträchtigender Weise auseinander entwickelt haben.

Wahrung der Rechtseinheit (Art. 72 II GG)

Eine Regelung ist zur Wahrung der Rechtseinheit erforderlich, wenn eine **Rechtszersplitterung** droht, die im Interesse sowohl des Bundes als auch der Länder nicht hingenommen werden kann.

Wahrung der Wirtschaftseinheit (Art. 72 II GG)

Eine Regelung ist zur Wahrung der Wirtschaftseinheit erforderlich, wenn Landesregelungen oder das Untätigbleiben der Länder **erhebliche** Nachteile für die Gesamtwirtschaft mit sich bringen kann.

Rahmengesetzgebung

Achtung! Die Rahmengesetzgebung ist aufgrund der Föderalismusreform ersatzlos gestrichen worden!

Zur bisherigen Rechtslage:
Art. 75 I GG aF => Bund hatte das Recht zur Gesetzgebung, wenn eine Sachmaterie des **Art. 75 I GG aF** u. das Bedürfnis nach bundesgesetzlicher Regelung i. S. v. **Art. 72 II GG aF** vorlagen. **Beachte:** Der Bund konnte **nur** Rahmenvorschriften (=> siehe Def.) erlassen.

Rahmenvorschriften

Normen, die allgemeine Grundsätze u. Regelungen enthalten, aber noch der **Ausführung** u. **Konkretisierung** durch die **Länder** bedürfen (=> Abschaffung der Rahmengesetzgebung).

Grundsatzgesetzgebung

Hat der **Bund** die Befugnis, auf einem bestimmten Gebiet Grundsätze zu erlassen, darf er **keine** abschließende Regelung treffen, sondern lediglich **ausfüllungsfähige** u. **-bedürftige Richtlinien** aufstellen => Die Grundsatzgesetzgebung deckt sich im Wesentlichen mit der Rahmengesetzgebung. **Aber** wichtiger Unterschied: Anders als Rahmenvorschriften binden Grundsätze regelmäßig nicht nur den Landes-, sondern **auch** den Bundesgesetzgeber. Bsp. für eine Grundsatzgesetzgebungskompetenz des Bundes: Art. 109 III GG.

Bundeskompetenz kraft Sachzusammenhangs

Liegt vor, wenn der Bund ein ihm ausdrücklich zugewiesenes Sachgebiet vernünftigerweise nicht sinnvoll regeln kann, **ohne** gleichzeitig eine ihm nicht zugewiesene Materie mitzuregeln (= „Ausdehnung in die Breite") => **Beachte:** Diese Kompetenz kommt sowohl für den Bereich der ausschließlichen als auch der

Annexkompetenz des Bundes

konkurrierenden Gesetzgebung in Betracht!

Hier bleibt der Bund zwar in seinem Zuständigkeitsbereich, er regelt dabei aber bestimmte **Fragenkomplexe**, die generell in den Bereich der Landeskompetenzen fallen => Es geht hier um eine Ausdehnung einer ausdrücklich zugeteilten Kompetenz in das Stadium der **Vorbereitung** u. **Durchführung** von Vorschriften (= „Ausdehnung in die Tiefe"). Bsp.: Bund kann im Bereich des Gewerberechts einzelne Vorschriften mit gefahrenabwehrendem Charakter erlassen, obwohl dies eigentlich in die Kompetenz der Länder fällt. **Beachte:** Diese Kompetenz kommt sowohl für den Bereich der ausschließlichen als auch der konkurrierenden Gesetzgebung in Betracht!

Bundeskompetenz kraft Natur der Sache

Liegt vor, wenn eine Angelegenheit schon aus sachlogischen Gründen **nur** vom **Bund** geregelt werden kann => Regelung kann also nur **bundeseinheitlich** erfolgen, z. B. die Festlegung der Bundeshauptstadt. **Beachte:** Diese Kompetenz kommt nur für den Bereich der ausschließlichen Gesetzgebung in Betracht.

Aus der Mitte des BT (Art. 76 I GG)

Was hierunter zu verstehen ist, sagt das GG nicht. Aber: **§ 76 GO BT** konkretisiert dies u. fordert, dass der Gesetzentwurf von einer Fraktion oder mindestens 5 % der Mitglieder des BT unterzeichnet ist. Dies stellt eine Konkretisierung des Art. 76 I GG dar (h. M.). Demnach kann ein einzelner Abgeordneter nicht die Gesetzesinitiative ergreifen. **Be-**

achte: Befasst sich der BT aber mit dem Gesetz, das ein einzelner Abgeordneter in den BT eingebracht hat, u. der BT beschließt es dann auch, ist das Gesetz **nicht** nichtig! Durch die Beschlussfassung des BT hat sich dieser die Gesetzesvorlage des Abgeordneten mehrheitlich zu Eigen gemacht; damit wird der anfängliche Formmangel **geheilt**!

Gesetzesberatungen

§§ 78 ff. GO BT => Art. 77 I GG beschränkt sich nur auf die Feststellung, dass die Bundesgesetze durch den BT beschlossen werden. Das nähere Verfahren ist in der GO BT geregelt. Es finden **drei** Lesungen statt (siehe §§ 78 ff. GO BT). **Beachte:** Ein Verstoß gegen die §§ 78 ff. GO BT führt **nicht** zur Verfassungswidrigkeit des Gesetzes, da sie nicht einen wesentlichen Verfassungsinhalt konkretisieren.

Einspruchsgesetz

Gesetz, das auch **ohne** eine Handlung des BR zustande kommt => **Beachte: a)** Alle Gesetze, die nicht Zustimmungsgesetze sind, sind Einspruchsgesetze!; **b)** BR besitzt lediglich ein **relatives** Vetorecht. Der BR kann gegen das vom BT beschlossene Gesetz einen **Einspruch** einlegen, den der BT aber zurückzuweisen berechtigt ist. Dazu ist ein Beschluss der Mehrheit der Mitglieder des BT erforderlich (Art. 77 IV 1 GG). Hat der BR den Einspruch mit einer Mehrheit von mindestens 2/3 seiner Stimmen beschlossen, dann bedarf die Zurückweisung durch den BT sogar eines Beschlusses einer Mehrheit von 2/3 bzw. mindestens der Mehrheit der Mitglieder des BT (Art. 77 IV 2 GG).

Zustimmungsgesetz

Gesetz, das **nur** durch die **Zustimmung** des BR zustande kommt (Art. 78 Alt. 1 GG) => **Beachte: a)** BR hat also ein **absolutes** Vetorecht; **b)** Zustimmungsbedürftige Gesetze sind im GG **ausdrücklich** gekennzeichnet. Bspe.: Art. 84 I, 85 I, 105 III GG. Diese Gesetze betreffen die Bereiche Verfassung, Verwaltung u. Finanzen; **c)** Begründet nur eine **einzige** Vorschrift des Gesetzes die Zustimmungsbedürftigkeit, dann ist das **ganze** Gesetz zustimmungsbedürftig (h. M., str.). Der BR wäre also auch in der Lage, seine Zustimmung zu verweigern, wenn er eine Regelung missbilligt, die eigentlich nicht zustimmungsbedürftig wäre. A. A.: Zustimmungspflicht bezieht sich **allein** auf die zustimmungsbegründende Norm; **d) Problem**: Zustimmungsbedürftigkeit von Änderungsgesetzen? Macht also jede Änderung eines Zustimmungsgesetzes eine Zustimmung notwendig? Wird ein ursprünglich zustimmungsbedürftiges Gesetz geändert, bedarf das Änderungsgesetz der Zustimmung des BR, wenn es **1)** selbst **zustimmungsbedürftige** Vorschriften enthält, **2)** Vorschriften des ursprünglichen Gesetzes betrifft, die die Zustimmungsbedürftigkeit **ausgelöst** haben, oder **3)** das Änderungsgesetz den ursprünglich zustimmungsbedürftigen Vorschriften eine **wesentlich** andere Tragweite u. Bedeutung verleiht, auch wenn sie nicht ausdrücklich geändert wurden.

Bundesverfassungsgericht

Es ist ein Gericht i. S. v. Art. 92 GG u. ein **oberstes** Verfassungsorgan => Man bezeichnet das BVerfG auch als „**Hüter** der Verfassung". Es ist nämlich befugt, auf Antrag die verfassungsrechtlichen Grenzen der politischen Staatsleitung aufzuzeigen u. damit die Legislative u. Exekutive in ihre Schranken zu weisen. Die **Zuständigkeit** des BVerfG bestimmt sich nach dem sog. **Enumerationsprinzip**. Regelungen hierzu finden sich insbes. in **Art. 93 GG**, aber auch in Art. 18, 21 II 2 , 41 II, 61, 98 II, V, 100, 126 GG. Wichtige **Verfahrensarten** vor dem BVerfG: **1) Organstreitverfahren**, **2) Bund-Länder-Streit, 3) abstrakte Normenkontrolle, 4) konkrete Normenkontrolle, 5) Verfassungsbeschwerde** (=> siehe jeweils Def.)

Enumerationsprinzip

Siehe bei Def. Bundesverfassungsgericht.

Organstreitverfahren

Art. 93 I Nr. 1 GG, §§ 13 Nr. 5, 63 ff. BVerfGG => Es muss sich um **verfassungsrechtliche** Streitigkeiten zwischen Bundesorganen oder anderen Beteiligten handeln, die durch das GG oder in der GO eines obersten Bundesorgans mit eigenen Rechten ausgestattet sind. **Prüfungsschema**: Der Antrag auf Durchführung eines Organstreitverfahrens hat Erfolg, wenn er zulässig u. begründet ist. **A) Zulässigkeit: a) Zuständigkeit** des BVerfG gem. Art. 93 I Nr. 1 GG, § 13 Nr. 5 BVerfGG; **b) Parteifähigkeit** (auch Beteiligtenfähigkeit oder Antragsberechtigung genannt): **§ 63 BVerfGG**, d. h. Bundespräsident, Bundestag, Bundesrat,

Bundesregierung, sowie Organteile i. S. v. § 63 BVerfGG, soweit sie mit **eigenen** Rechten ausgestattet sind (z. B. Bundesminister, Fraktionen, Ausschüsse, Bundeskanzler), „andere Beteiligte" i. S. v. Art. 93 I Nr. 1 GG: z. B. politische Parteien (Ausstattung mit eigenen Rechten durch Art. 21 GG, jedoch muss es um die Verletzung ihres verfassungsrechtlichen Status gehen!), der einzelne Abgeordnete oder die Bundesversammlung; **c) Streitgegenstand**: **§ 64 I BVerfGG**: Jede verfassungsrechtlich erhebliche Maßnahme bzw. jedes Unterlassen des Antragsgegners; **d) Antragsbefugnis**: **§ 64 I BVerfGG**: **Möglichkeit** einer Verletzung oder unmittelbaren Gefährdung eigener Rechte, die sich aus dem GG ergeben (= **Möglichkeitstheorie**). **Beachte:** Die **Prozessstandschaft** ist gem. § 64 I BVerfGG für Organteile zulässig. Somit können Organteile die verfassungsrechtlichen Rechte des Organs **selbst** im eigenen Namen geltend machen u. zwar auch dann, wenn dieses Organ in der Mehrheit seine Rechte als nicht verletzt ansieht. Bsp.: Bundestagsfraktion macht eine Verletzung der Rechte des Bundestags (in seiner Gesamtheit) geltend; **e) Frist: § 64 III BVerfGG; f) Form: § 64 II BVerfGG; B) Begründetheit**: Der Antrag ist begründet, wenn die beanstandete Maßnahme bzw. Unterlassung gegen das GG **verstößt** u. dadurch Rechte bzw. Pflichten des Antragsstellers verletzt.

Bund-Länder-Streit

Art. 93 I Nr. 3 GG, §§ 13 Nr. 7, 68 ff. BVerfGG => Es muss sich um Streitigkeiten zwischen dem Bund u. Bundesländern handeln. **Prüfungsschema**: Der Antrag auf Durchführung eines Bund-Länder-Streits hat Erfolg, wenn er zulässig u. begründet ist. **A) Zulässigkeit: a) Zuständigkeit** des BVerfG: Art. 93 I Nr. 3 GG, §§ 13 Nr. 7 BVerfGG; **b) Parteifähigkeit: § 68 BVerfGG**: Bundesregierung, Landesregierung, **nicht** Parlamente; **c) Streitgegenstand: Art. 93 I Nr. 3 GG; d)** Antragsbefugnis: §§ 69 i. V. m. 64 I BVerfGG; e) Frist: §§ 69 , 64 III BVerfGG; f) Form: § 23 I BVerfGG; B) Begründetheit: Der Antrag ist begründet, wenn die beanstandete Maßnahme bzw. Unterlassung gegen das GG verstößt u. dadurch Rechte bzw. Pflichten des Antragstellers verletzt.

Abstrakte Normenkontrolle

Art. 93 I Nr. 2 GG, §§ 13 Nr. 6, 76 ff. BVerfGG => Überprüft wird in diesem Verfahren die Vereinbarkeit von Bundesrecht mit dem GG oder die Vereinbarkeit von Landesrecht mit dem GG oder mit sonstigem Bundesrecht. **Prüfungsschema**: Der Antrag auf Durchführung einer abstrakten Normenkontrolle hat Erfolg, wenn er zulässig u. begründet ist. **A) Zulässigkeit: a) Zuständigkeit** des BVerfG: Art. 93 I Nr. 2 GG, § 13 Nr. 6 BVerfGG; **b) Antragsberechtigung: Art. 93 I Nr. 2 GG, § 76 BVerfGG**: Bundesregierung, Landesregierung oder 1/4 der Mitglieder des Bundestags; **c) Antragsgegenstand: 1.** Vereinbarkeit von Bundesrecht mit dem GG, **2.** Vereinbarkeit von Landesrecht mit GG u. sonstigem Bundesrecht. Es kann **jede** Rechtsnorm mit **Außenwirkung** überprüft werden, z. B. Rechtsverordnung, Satzung. **Beachte:** Eine **vorbeugende** Normenkontrolle ist **unzulässig; d) Antragsbefugnis: aa)** Der Antragsteller hält das Recht für nichtig bzw. gültig, wobei nach dem vorrangigen Art. 93 I Nr. 2 GG Zweifel oder Meinungsverschiedenheiten an der Vereinbarkeit ausreichen, **bb)** Obj. Klarstellungsinteresse: obj. Interesse an der Klarstellung der Gültigkeit bzw. Ungültigkeit der Norm; **e) Form:** § 23 I **BVerfGG**, eine Frist ist nicht vorgesehen; **B) Begründetheit:** Der Antrag ist begründet, wenn Bundesrecht mit dem GG oder Landesrecht mit dem GG oder dem sonstigen Bundesrecht unvereinbar ist (es folgt also die formelle u. materielle Rechtmäßigkeitsprüfung der Norm).

Konkrete Normenkontrolle

Art. 100 I GG, §§ 13 Nr. 11, 80 ff. BVerfGG => Prüfungsschema: Der Antrag auf Durchführung einer konkreten Normenkontrolle hat Erfolg, wenn er zulässig u. begründet ist. **A) Zulässigkeit: a) Zuständigkeit** des BVerfG: Art. 100 I GG, § 13 Nr. 11 BVerfGG; **b) Vorlageberechtigung: Art. 100 I GG:** ein Gericht. **Beachte: Alle** Gerichte!; **c) Kontrollgegenstand: Art. 100 I GG:** formelle Bundes- bzw. Landesgesetze. **Beachte:** Beschränkung auf **nachkonstitutionelle** Gesetze, d. h. auf Gesetze, die nach dem Inkrafttreten des GG verkündet worden sind; **d)** Gericht muss von der **Verfassungswidrigkeit** des Gesetzes überzeugt sein, d. h. bloße Zweifel genügen nicht; **e) Entscheidungserheblichkeit** des Gesetzes: Art. 100 I GG. Diese liegt vor, wenn das vorlegende Gericht bei Ungültigkeit des Gesetzes anders entscheiden würde als bei dessen Gültigkeit; **f) Form: § 80 I, II 1 BVerfGG; B) Begründetheit**: Die Vorlage ist begründet, wenn der Prüfungsgegenstand nicht mit dem GG vereinbar ist (es folgt also die formelle u. materielle Rechtmäßigkeitsprüfung des Gesetzes bzw. der Norm).

Verfassungsbeschwerde

Art. 93 I Nr. 4a GG, §§ 13 Nr. 8a, 90 ff. BVerfGG => Prüfungsschema: A) Zulässigkeit: a) Zuständigkeit des BVerfG: Art. 93 I Nr. 4a GG, § 13 Nr. 8a BVerfGG; **b) Parteifähigkeit: Art. 93 I Nr. 4a GG, § 90 I BVerfGG: „Jedermann"**, der grundrechtsfähig ist. **Beachte: 1)** Unterscheide Jedermann- u. Deutschengrundrechte (z. B. Art. 8 I, Art. 9 I GG). **Ausländer** können sich **nicht** auf die Deutschengrundrechte berufen! Ihnen wird nur über das Auffanggrundrecht des Art. 2 I (Allgemeine Handlungsfreiheit) Grundrechtsschutz gewährt; **2) Juristische Personen: Art. 19 III GG**, d. h. Parteifähigkeit liegt vor, wenn das Grundrecht seinem Wesen nach auf juristische Personen anwendbar ist. **Problem**: Grundrechtsfähigkeit bei Vereinigungen **ohne** Rechtsfähigkeit (z. B. KG, Skatgruppe)? Rechtsfähigkeit ist nicht Vor. für die Grundrechtsfähigkeit (**h. M.**, str.), allerdings müssen den Personenmehrheiten dann von der Rechtsordnung Rechte zugewiesen werden (Bei der KG ist dies der Fall, bei der Skatgruppe ist dies nicht der Fall, d. h. im Bsp. ist die Skatgruppe nicht grundrechtsfähig; **3) Juristische Personen des öffentlichen Rechts** (z. B. Gemeinden): Grundsatz: Sie sind **nicht** grundrechtsfähig (h. M., str.). **Ausnahmen: aa)** Im Bereich der Verfahrensgrundrechte (z. B. Art. 19 IV, 101 I 2, 103 I GG). Diese gelten auch für juristische Personen des öffentlichen Rechts; **bb)** Grundrechtsfähigkeit gegeben bei: Rundfunkanstalten (Art. 5 I 2 GG), Universitäten u. Fakultäten (Art. 5 III 1 GG), Religionsgemeinschaften u. Kirchen (Art. 4 I, 140 GG). **c) Prozessfähigkeit**: Fähigkeit, Verfahrenshandlungen wirksam vorzunehmen. Nur bei **Minderjährigen** relevant. Diese sollen dann prozessfähig sein, wenn sie **grundrechtsmündig** sind, d. h. wenn sie über eine hinreichende Einsichtsfähigkeit zur Ausübung des Grundrechts verfügen (=> ggf. durch Auslegung ermitteln). Liegt dies nicht vor, dann muss die Klage des Minderjährigen durch den gesetzlichen Vertreter eingelegt werden! **Beachte:** Juristische Personen sind **nicht** prozessfähig, d. h. sie müssen ihre Grundrechte durch ihre Vertreter geltend machen; **d) Beschwerdegegenstand: Art. 93 I Nr. 4a GG, § 90 I BVerfGG**: Akte der öffentlichen Gewalt (= Handlungen, Duldungen, Unterlassungen), d. h. **Akte** der **Exekutive** (z. B. VAe), der **Judikative** (z. B. Urteile, Beschlüsse) u. der **Legislative** (z. B. formelle Gesetze). **Beachte: aa)** Es werden bei mehreren Akten zur **gleichen** Sache gleichzeitig **alle** Akte angegriffen, d. h. es liegt nur **eine** VB vor, **bb)** Auch die **mittelbare** Staatsgewalt, d. h. juristische Personen des Privatrechts, sofern sie i. R. d. Verwaltungsprivatrechts (=> siehe Def.) tätig werden u. Beliehene (=> siehe Def.), gehört zur Exekutive; **e) Beschwerdebefugnis**: **Art. 93 I Nr. 4a GG, § 90 I BVerfGG**: **aa)** Beschwerdeführer muss behaupten, durch den angegriffenen Akt der öffentlichen Gewalt in einem seiner Grundrechte bzw. grundrechtsgleichen Rechte verletzt zu sein. Es genügt die **Möglichkeit** der Grundrechtsverletzung. Diese liegt vor, wenn sie nach keiner Betrachtungsweise ausgeschlossen werden kann, **bb) Betroffenheit** des Beschwerdeführers: Beschwerdeführer muss **selbst, gegenwärtig** u. **unmittelbar** betroffen sein. **1) Selbstbetroffenheit:** Beschwerdeführer muss in **eigenen** Grundrechten verletzt sein. Beschwerdeführer ist also selbst **Adressat** der staatlichen Maßnahme! Ist er **Drittbetroffener** u. wird ebenfalls in seinen Grundrechten berührt, dann gilt: Hier liegt dann Selbstbetroffenheit vor, wenn er in seinen rechtlichen Handlungsmöglichkeiten beschränkt wird. Bsp.: Das Ladenschlussgesetz richtet sich nur gegen die Ladeninhaber, aber beschränkt auch andererseits die Kunden; **2) Gegenwärtige Betroffenheit**: Liegt vor, wenn der Beschwerdeführer **schon** oder **noch** betroffen ist. **Beachte:** Eine VB gegen ein Gesetz, das **irgendwann** einmal in **Zukunft** in Kraft tritt, ist demnach **unzuläs-**

sig. Die gegenwärtige Betroffenheit liegt aber vor, wenn ein Gesetz die Normadressaten bereits gegenwärtig zu später nicht mehr korrigierbaren Entscheidungen zwingt oder schon jetzt zu Dispositionen veranlasst, die sich nach dem späteren Gesetzesvollzug nicht mehr nachholen lassen. Bsp.: Der 25jährige Jurastudent X ist von dem Gesetz, das eine Altersgrenze von 27 Jahren für die Zulassung als Rechtsanwalt festsetzt, schon gegenwärtig betroffen, obwohl er die Altersgrenze noch nicht erreicht hat; **3) Unmittelbare Betroffenheit**: Liegt vor, wenn die angegriffene Vorschrift **ohne** einen **weiteren Vollzugsakt** in den Rechtskreis des Beschwerdeführers eingreift. Dies ist häufig nicht der Fall bei Gesetzen, auf deren Grundlage erst ein VA ergehen muss. Ermächtigt also erst das Gesetz die Verwaltung zum Eingriff, so fehlt es an einer hinreichenden Betroffenheit, solange das Verbot nicht ergangen ist. **Ausnahmen**, bei denen die Zulässigkeit vorliegt, obwohl die gegenwärtige oder unmittelbare Betroffenheit fehlt: **aa) Bei Strafgesetzen**: Hier kann nicht erwartet werden, dass der Beschwerdeführer ein letztinstanzliches Urteil gegen sich ergehen lässt, bevor er die Norm angreifen kann, **bb) Gesetz zwingt** den Normadressaten zu nicht mehr korrigierbaren **Entscheidungen, cc) Gesetz veranlasst** den Normadressaten zu **Dispositionen**, die er nach dem späteren Gesetzesvollzug nicht mehr nachholen kann; **f) Erschöpfung des Rechtswegs: § 90 II 1 BVerfGG**: Die VB kann erst nach Erschöpfung des Rechtswegs erhoben werden, wenn gegen die Verletzung ein Rechtsweg zulässig ist. **Grundsatz der Subsidiarität**: Die VB ist subsidiär, d. h. der Beschwerdeführer muss erst **alle** möglichen Gerichtsinstanzen durchlaufen haben. **Ausnahmen: aa)** Nicht erforderlich bei Beschwerden gegen ein **Gesetz**, da es hier **keinen** Rechtsweg gibt; **bb)** Fälle des § **90 II 2 BVerfGG**: Sache ist von allgemeiner Bedeutung oder dem Beschwerdeführer droht ein schwerer u. unabwendbarer Nachteil; **cc)** Anerkannte **ungeschriebene** Ausnahmen: Fälle, in denen dem Beschwerdeführer die Erschöpfung des Rechtswegs **unzumutbar** ist. Bsp.: Bei gefestigter Rechtsprechung. Hier ist klar, dass der Beschwerdeführer vor den Fachgerichten keinen Erfolg haben wird. Weiteres Bsp.: Erfolglosigkeit in zwei Instanzen u. eine eindeutige gesetzliche Regelung, bei der im weiteren Instanzenzug kein anderes Ergebnis zu erwarten ist; **g) Rechtsschutzbedürfnis**: Beschwerdeführer muss ein **schutzwürdiges Interesse** an der gerichtlichen Feststellung haben. Liegt **nicht** in den Fällen vor, in denen sich der Hoheitsakt zum Zeitpunkt der Entscheidung **erledigt** hat. **Ausnahmen**: Rechtsschutzbedürfnis liegt vor, wenn **aa)** Wiederholungsgefahr besteht, **bb)** ein bedeutendes Grundrecht betroffen oder **cc)** die Frage von grundsätzlicher Bedeutung ist, d. h. es besteht Interesse an Klärung der verfassungsrechtlichen Frage; **h) Form u. Frist**: §§ **23 I, 92, 93 I BVerfGG**:

Antrag muss schriftlich u. mit Begründung eingereicht werden. VB gegen **Entscheidungen, § 93 I 1 BVerfGG**: 1 Monat. **Fristbeginn:** § 93 I 2, 3 BVerfGG. VB gegen **Gesetze, § 93 III BVerfGG**: 1 Jahr. **Fristbeginn:** Inkraften des Gesetzes (Art. 82 II GG). **Beachte:** Für die **Fristberechnung** gelten die §§ 187, 188 BGB; **B) Begründetheit**: VB ist begründet, wenn der Beschwerdeführer durch den angegriffenen Akt der öffentlichen Gewalt in einem seiner Grundrechte oder grundrechtsgleichen Rechte verletzt ist. Es folgt eine Grundrechtsprüfung (I. Schutzbereich, II. Eingriff, III. Verfassungsrechtliche Rechtfertigung => siehe bei den jeweiligen Grundrechten, Kapitel 2). **Beachte:** Bei VB gegen **Gesetze** gilt: Überprüfung des angegriffenen Gesetzes anhand der **gesamten** Verfassung. Bei VB gegen **Urteile**: Hier darf das BVerfG nur prüfen, ob **spezifisches** Verfassungsrecht verletzt ist, d. h. ob die Gerichte bei der Anwendung u. Auslegung des einfachen Rechts Verfassungsrecht verletzt, insbes. das Willkürverbot (Art. 3 I GG) missachtet haben (= Heck`sche Formel). BVerfG prüft demnach, ob die Gerichte ein Grundrecht ganz übersehen oder grundsätzlich falsch angewendet oder eine unhaltbare u. willkürliche Entscheidung getroffen haben.

2. Lektion: Grundrechte

Freiheitsgrundrechte

Freiheitsgrundrechte sichern dem Einzelnen einen **persönlichen** Freiraum gegenüber staatlichen Eingriffen ab => Bspe.: Art. 4, 5, 8, 9, 10, 11, 12, 13, 14 GG. **Auffanggrundrecht:** Art. 2 I GG. **Beachte: 1) Prüfung** der Verletzung von Freiheitsgrundrechten: **I. Schutzbereich** (=> siehe Def.) des Grundrechts: **a) Persönlicher Schutzbereich** (=> siehe Def.), **b) Sachlicher Schutzbereich** (=> siehe Def.); **II. Eingriff in den Schutzbereich** (=> siehe Def.); **III. Verfassungsrechtliche Rechtfertigung: a) Schranken** des Schutzbereichs (=> siehe Def.), **b) Schranken-Schranken** (=> siehe Def.); **2) Prüfungsreihenfolge: aa)** Immer zuerst die **speziellen** Freiheitsgrundrechte prüfen, dann erst Art. 2 I GG (aber **nur**, wenn der **Schutzbereich** eines speziellen Freiheitsgrundrechts **nicht** einschlägig ist!), **bb) Konkurrenz** zwischen Freiheits- u. Gleichheitsgrundrechten: Diese sind grundsätzlich **nebeneinander** anwendbar! **Aber**: Freiheitsgrundrechte werden von Gleichheitsgrundrechten **verdrängt**, wenn der SV zu diesen in einer stärkeren sachlichen **Beziehung** steht. Im **Zweifel** beide prüfen! Bsp.: Der politischen Gruppe X wird - im Unterschied zu anderen Gruppen- verboten, ihre Meinung zu verbreiten. Hier ist Art. 5 I GG **sachnäher** als Art. 3 GG.

Gleichheitsgrundrechte

Gleichheitsgrundrechte verbieten sachlich nicht gerechtfertigte **Ungleichbehandlungen** durch den Staat in vergleichbaren Fällen => Bspe.: Art. 3 II, III, 6 V, 33 I bis III, 38 I 1 (Gleichheit der Wahl) GG u. Art. 21 I i. V. m. Art. 3 GG (Chancengleichheit der Parteien). **Allgemeiner Gleichheitssatz**: Art. 3 I GG. **Beachte: a)** Die **speziellen** Gleichheitsgrundrechte u. die speziellen grundrechtsähnlichen Gleichheitsrechte (Art. 33 I-III, 38 I 1 GG) gehen dem allgemeinen Gleichheitssatz des Art. 3 I GG **vor**! Sie müssen daher **vor** dem allgemeinen Gleichheitssatz geprüft werden (**Subsidiarität**); **b) Prüfungsschema** bei Gleichheitsrechten: **I. Gleich- bzw. Ungleichbehandlung**: Verbot, wesentlich Gleiches ohne sachlichen Grund ungleich zu behandeln bzw. Verbot, wesentlich Ungleiches ohne sachlichen Grund gleich zu behandeln: **1. Bestimmung** der Person/Personengruppe/Situation, die in einer bestimmten Weise rechtlich behandelt werden (Bsp.: an italienische Pizzabäcker wird eine staatliche Leistung vergeben), **2. Vergleichsgruppe** bilden (Bsp.: holländischen Pizzabäckern wurde keine staatliche Leistung gewährt), **3. Gemeinsamer Oberbegriff**, d. h. es muss ermittelt werden, ob beide Personen/Personengruppen/Situationen unter einem gemeinsamen Bezugspunkt zusammengefasst werden können (Bsp.: Pizzabäcker); **II. Verfassungsrechtliche Rechtfertigung** der festgestellten Ungleichbehandlung: **1. Formelle Verfassungsmäßigkeit** des Gesetzes (Kompetenz, Verfahren,

Form), **2. Materielle Rechtmäßigkeit: aa) Differenzierungsziel**: Dieses ergibt sich durch Auslegung des Gesetzes u. durch seine Zulässigkeit aus anderen verfassungsrechtlichen Wertvorgaben (Bsp.: mehr Arbeit für deutsche Pizzabäcker), **bb) Differenzierungskriterium** (Bsp.: in dem Pizzabäckerfall wäre es die Staatsbürgerschaft), **cc) Abwägung**: Hier geht es um die Rechtfertigung der Differenzierung: **1.** Frühere Formel vom **Willkürverbot**: Eine Verletzung des Art. 3 GG ist gegeben, wenn sich ein **vernünftiger** Grund für die gesetzliche Differenzierung nicht finden ließ u. sie somit willkürlich erschien; **2. Neue Formel**: Nach ihr kann eine Ungleichbehandlung nur dann gerechtfertigt sein, wenn zwischen **beiden** Gruppen **Unterschiede** von solcher Art u. solchem Gewicht bestehen, dass sie die ungleiche Behandlung rechtfertigen können. Somit erfolgt keine bloße Willkürkontrolle, sondern es wird eine Rechtfertigung der Differenzierung verlangt (= Abwägung im Sinne einer Verhältnismäßigkeitsprüfung). Es wird zwischen Ungleichbehandlungen **geringer** u. **größerer** Intensität unterschieden. Bei Ungleichbehandlungen **geringer** Intensität akzeptiert das Gericht eine Ungleichbehandlung schon dann als verfassungsrechtlich gerechtfertigt, wenn sich nur **irgendein** sachlicher Grund zu ihren Gunsten anführen lässt, d. h. wenn keine Willkür stattgefunden hat. Hier gilt also weiterhin das Willkürverbot! **Größere** Ungleichbehandlungen sind dagegen nur gerechtfertigt, wenn sie einen **legitimen** Zweck verfolgen, hierfür **geeignet** u. **erforderlich** sind u. auch als **angemessen** angesehen werden können (= **Verhältnismäßigkeitsprinzip**). **Beachte:** Eine **geringe** Ungleichbehandlung liegt regelmäßig vor, wenn es um **verhaltensbezogene** Ungleichbehandlungen geht, **personenbezogene** Ungleichbehandlungen sind **grundsätzlich** von **größerer** Intensität!

Schutzbereich

Der durch ein Grundrecht geschützte **Lebensbereich** => Es ist zwischen dem **persönlichen** u. **sachlichen** Schutzbereich zu unterscheiden (=> siehe jeweils Def.).

Persönlicher Schutzbereich

Dieser bezeichnet die **Personen**, die sich nach dem Wortlaut des Grundrechts auf dessen Schutz berufen können => Bsp.: Beschränkung auf Deutsche (i. S. v. Art. 116 GG) bei Art. 8 I, 12 I GG). **Beachte:** Für **Ausländer** gelten demnach die „Deutschengrundrechte" nicht, allerdings können sie sich auf den Schutz des **Art. 2 I GG** (Allgemeine Handlungsfreiheit) als Auffanggrundrecht berufen!

Sachlicher Schutzbereich

Dem sachlichen Schutzbereich unterfallen die Tätigkeiten, Rechtsgüter, Verhaltensweisen, die der **Wortlaut** des Grundrechts umfasst => Bsp.: Art. 8 I GG nennt als Schutzobjekt das „Sich-Versammeln".

Eingriff

Jedes staatliche **Handeln**, das zu einer **Beeinträchtigung** des Schutzbereiches führt => Folgende **Eingriffsarten** lassen sich unterscheiden: **a) Klassischer Ein-**

griff: Liegt vor, wenn ein Rechtsakt **final** u. **unmittelbar freiheitsverkürzend** in die Rechtssphäre des Bürgers eingreift. **Rechtsakte**: Gesetze, Gerichtsurteile, Verwaltungsakte; **Finalität**: Staatliche Maßnahme war nicht nur unbeabsichtigte Folge. **Unmittelbar**: Ohne Zwischenschritte. Bsp.: Gebote u. Verbote, z. B. Gewerbeuntersagung (§ 35 GewO), **b) Erweiterter Eingriffsbegriff**: Jedes staatliche Handeln, das **kausal** u. **zurechenbar** dem Grundrechtsträger ein Verhalten erschwert, das vom Schutzbereich eines Grundrechts erfasst wird. Hierunter fällt auch die **faktische** Maßnahme (=> siehe Def.). **Beachte: a)** In der Klausur zuerst den klassischen Eingriff darstellen. Liegt dieser nicht vor, dann den erweiterten Eingriffsbegriff prüfen. Denn es hat sich das Verständnis durchgesetzt, dass der klassische Eingriffsbegriff zu **eng** für den modernen Staat ist; **b)** Bloße Bagatellen bzw. alltägliche Lästigkeiten stellen **keine** Beeinträchtigung dar!

Faktischer Eingriff

Grundrechtseingriff findet durch eine **nicht** normgesteuerte Beeinträchtigung statt => Allerdings wird verlangt, dass die Beeinträchtigung einigermaßen **erheblich** ist. Auf diese Weise wirkt man einer zu großen Ausweitung des Eingriffsbegriffs entgegen.

Schranken des Schutzbereichs

Der Eingriff ist gerechtfertigt, wenn er sich im Rahmen der **Schranken** des betreffenden Grundrechts hält => Folgende **Arten** der Schranken sind zu unterscheiden: **aa) Verfassungs-**

74

unmittelbare Schranken, bb) Einfacher Gesetzesvorbehalt, cc) Qualifizierter Gesetzesvorbehalt, dd) Verfassungsimmanente Schranken (=> siehe jeweils Def.)

Verfassungsunmittelbare Schranken

Beschränkungen, die sich ausdrücklich aus dem Grundrecht **selbst** ergeben => Bsp.: Art. 9 II GG bestimmt, dass Vereine, deren Zweck u. a. Strafgesetzen zuwiderlaufen, verboten sind.

Einfacher Gesetzesvorbehalt

Dieser schreibt lediglich ein **formelles** Gesetz als Grundlage für den Gesetzeseingriff vor => Einen einfachen Gesetzesvorbehalt haben die Grundrechte, bei denen das GG für Eingriffe lediglich verlangt, dass sie **durch** Gesetz oder **aufgrund** eines Gesetzes erfolgen. An das eingreifende Gesetz werden somit keine besonderen Anforderungen gestellt. Bspe.: Art. 8 II, 10 II GG

Qualifizierter Gesetzesvorbehalt

Dieser ermöglicht dem Gesetzgeber Grundrechtseingriffe nur unter den in der Schranke **vorgeschriebenen** Vor. => Bsp.: Art. 5 II GG: Es muss ein allgemeines Gesetz vorliegen.

Verfassungsimmanente Schranken

Beschränkungen des Grundrechts, die sich aus der **gesamten** Verfassung ergeben => **Beachte:** Das GG enthält Grundrechte, die keinen ausdrücklichen Schranken unterliegen, sondern scheinbar **vorbehaltslos** garantiert sind. Bspe.: Art. 4 I, II, 5 III 1 GG. Doch diese Grundrechte sind auch **einschränkbar** (Ausnahme: Art. 1 I GG): Entgegenstehendes Verfassungsrecht, insbes. **kollidierende Grundrechte**

Dritter. Beachte: Soweit andere Verfassungsgüter durch ein grundrechtlich geschütztes Verhalten beeinträchtigt werden, muss im Wege der **praktischen Konkordanz** ein Ausgleich zwischen dem Grundrecht u. dem anderen Verfassungsgut gefunden werden: **1)** Durch **Güterabwägung** nach den Grundsätzen der Verhältnismäßigkeit (=> siehe Def. 1. Lektion), **2)** Der **Wesensgehalt** der kollidierenden Normen bzw. Rechtswerte muss erhalten bleiben (Art. 19 II GG).

Praktische Konkordanz

Siehe Def. Verfassungsimmanente Schranken.

Schranken-Schranken

Sämtliche Grundrechte erlauben dem Gesetzgeber unter bestimmten **Vor.**, in die durch sie gewährleisteten Freiheiten einzugreifen u. dem Grundrechtsgebrauch daher **Schranken** zu ziehen. **Aber:** Es bestehen auch für den **Gesetzgeber** Schranken, wie weit er bei diesen Eingriffen gehen darf. Man spricht von den Schranken der Schranken oder kurz von Schranken-Schranken => **Beachte:** Folgende Schranken-Schranken sind zu kennen: **aa) Grundsatz der Verhältnismäßigkeit** (=> siehe Def. 1. Lektion). Hier liegt meistens der Schwerpunkt bei Grundrechtsprüfungen u. zwar in der Angemessenheit, **bb) Wesensgehaltsgarantie** (Art. 19 II GG => siehe Def.), **cc) Verbot von Einzelfallgesetzen** (Art. 19 I 1 GG), **dd) Zitiergebot** (Art. 19 I 2 GG), **ee) Bestimmtheitsgebot** (Rechtsstaatsprinzip), **ff) Parlamentsvorbehalt** (Gewaltenteilung, Demokratieprinzip)

Wesensgehaltsgarantie

Art. 19 II GG => Ein Grundrecht darf nicht in seinem **Wesensgehalt** angetastet werden. **Umstritten** ist, wann ein Grundrecht in seinem Wesensgehalt betroffen ist: 1) **Relative Wesensgehaltstheorie**: Nach ihr kommt es auf eine **Abwägung** der für oder gegen den Eingriff sprechenden Gründe an. Argument gegen diese Theorie: Die Wesensgehaltsgarantie hätte aber dann keine andere Funktion als der Verhältnismäßigkeitsgrundsatz, 2) **Absolute Wesensgehaltstheorie** (h. M.): Diese Theorie versteht den Wesensgehalt als **absolut**, d. h. vom Einzelfall unabhängigen Kernbereich des Grundrechts, der für den Gesetzgeber, selbst wenn er zum Schutz überragend wichtiger Gemeinschaftsgüter eingreift, **tabu** ist. Demnach kann der Wesensgehalt eines Grundrechts auch **nicht** durch eine Abwägung mit kollidierenden Rechtsgütern überwunden werden.

Grundrechtskonkurrenz

Liegt vor, wenn **ein- u. dieselbe** staatliche Maßnahme ein Verhalten oder ein Rechtsgut einschränkt, das vom Schutzbereich verschiedener Grundrechte umfasst wird => Bsp.: Eine Demonstration kann sowohl von Art. 8 I GG (Versammlungsfreiheit) als auch von Art. 5 I GG (Meinungsfreiheit) geschützt sein. **Beachte:** Unterscheide **unechte** von **echter** Grundrechtskonkurrenz (=> siehe jeweils Def.).

Echte Grundrechtskonkurrenz

Auf ein Verhalten eines Grundrechtsträgers finden **mehrere** Grundrechte Anwendung => Hier kann sich der Grundrechtsträger auf mehrere Grundrechte berufen. Siehe Bsp. bei Def. Grundrechtskonkurrenz.

Unechte Grundrechtskonkurrenz

Hier **überschneiden** sich die Schutzbereiche zweier Grundrechte => Bsp.: Art. 12 I GG konkretisiert die Freiheitsentfaltung im beruflichen Bereich. Art. 2 I GG wird demnach von Art. 12 I GG verdrängt (Subsidiarität). **Beachte:** Art. 2 I GG tritt als Auffanggrundrecht im Falle der Eröffnung des Schutzbereiches eines anderen Grundrechts **stets subsidiär** zurück! Bei den übrigen Grundrechten ist zu prüfen, ob ein Grundrecht einem anderen in der **konkreten** Situation aufgrund der **speziellen** Situation vorgeht, da es nach seinem Sinngehalt die **stärkere** sachliche Beziehung zu dem prüfenden SV aufweist. Lässt sich dies nicht feststellen, dann sind im **Zweifel** beide Grundrechte anwendbar, wobei ein Verstoß gegen **eines** ausreicht, um die Maßnahme als rechtswidrig zu bezeichnen!

Art. 1 GG
Schutz der Menschenwürde

Prüfungsschema: I. Schutzbereich: a) Persönlicher Schutzbereich: Alle **natürlichen** Menschen (= Menschenrecht). Bspe.: Ausländer, Geisteskranke, Straftäter, Ungeborenes (nasciturus), Würde des Verstorbenen, **b) Sachlicher Schutzbereich: Würde** des Menschen (=> siehe Def.). **Nicht** geschützt: Juristische Personen; **II. Eingriff:** Liegt vor, wenn der Einzelne einer Behand-lung ausgesetzt wird, die ihn zum **bloßen Objekt** degradiert. Bspe.: Folter, Sklaverei, Verschleppung, Gehirnwäsche, Misshandlungen, Entzug des Existenzminimums; **III. Verfassungsrechtliche Rechtfertigung**: Eingriffe können **nicht** gerechtfertigt werden. Die Menschenwürde ist **unantastbar!**

Menschenwürde

Sie ist nicht allgemein zu definieren, sondern darf immer nur in Beziehung zum **konkreten** Fall bestimmt werden. => Laut BVerfG ist die Menschenwürde gleichzusetzen mit dem sozialen Wert- u. Achtungsanspruch, der dem Menschen wegen seines Menschseins zukommt. Der Mensch muss als selbstverantwortliche Person anerkannt werden u. darf nicht **Objekt staatlichen Handelns** werden.

Art. 2 I GG
Freie Entfaltung der Persönlichkeit

Prüfungsschema: I. Schutzbereich: a) Persönlicher Schutzbereich: Alle **natürlichen** Personen. **Beachte:** Grundrecht ist auch auf juristische Personen anwendbar (**Art. 19 III GG**), **b) Sachlicher Schutzbereich**: Art. 2 I GG enthält **zwei** Grundrechte: **aa) Allgemeine Handlungsfreiheit** (=> siehe Def.), **bb) Allgemeines Persönlichkeitsrecht** (=> siehe Def.); **II. a) Eingriff** in die **allgemeine Handlungsfreiheit**: Jede staatliche Maßnahme, die **belastend** wirkt. Da grundsätzlich jeder staatliche Akt einen Eingriff bedeuten würde, wird **eingeschränkt**: Es muss sich um eine Beeinträchtigung von **erheblichem** Gewicht handeln; **b) Eingriff** in das **allgemeine Persönlichkeitsrecht**: Eingriffe erfolgen meist durch **faktische** Einwirkungen. Bspe.: Erhebung, Weitergabe, Speicherung von personenbezogenen Daten; Verweigerung der Einsicht in die Unterlagen über die eigene Abstammung; **III. Verfassungsrechtliche Rechtfertigung**: Sowohl die allgemeine Handlungsfreiheit als auch das allgemeine Persönlichkeitsrecht (h. M.) stehen unter dem Schrankenvorbehalt **des Art. 2 I HS 2 GG** (= **Schrankentrias**: **1.** Verfassungsmäßige Ordnung, **2.** Rechte anderer, **3.** Sittengesetz => siehe jeweils Def.).

Allgemeine Handlungsfreiheit (Art. 2 I GG)

Jedermann hat die Freiheit, innerhalb der Schranken der Rechtsordnung u. der guten Sitten **alles** zu tun, was anderen **nicht** schadet => Art. 2 I GG erfasst alle Betätigungen u. Lebensbereiche, die **nicht** einem speziellen Freiheitsrecht unterfallen. Art. 2 I GG schützt also **jedes menschliche Tun** bzw. **Unterlassen. Beachte:** Art. 2 I GG ist gegenüber anderen Freiheitsrechten **subsidiär**, wenn ein Eingriff in deren **Schutzbereich** vorliegt!

Allgemeines Persönlichkeitsrecht (Art. 2 I i. V. m. Art. 1 I GG)

Recht des Einzelnen, **selbst** seine persönliche Lebenssphäre zu bestimmen. Das Allgemeine Persönlichkeitsrecht schützt also die **enge persönliche Lebenssphäre**: Schutz der Ehre, Recht auf Selbstbestimmung (= Recht, die eigene Abstammung zu kennen), informationelle Selbstbestimmung (= „Datenschutz"; schützt die Befugnis, selbst über die Preisgabe u. Verwendung persönlicher Daten zu bestimmen), „Computer-Grundrecht", Recht am eigenen Wort und Bild, Recht auf Resozialisierung für Strafgefangene

80

Verfassungsmäßige Ordnung (Art. 2 I GG)

Hierunter wird die **gesamte** verfassungsmäßige Ordnung verstanden: **a) Alle** verfassungsmäßigen Rechtsnormen des Bundes u. der Länder, **b) Alle** rechtmäßigen Einzelmaßnahmen (Bsp. VAe) => **Kurz:** Gesamtheit aller Rechtsnormen, die **formell** u. **materiell** verfassungsmäßig sind.

Rechte anderer (Art. 2 I GG)

Subjektive Rechte Dritter => **Beachte:** Diese Rechte gehören schon zu den Gesetzen der verfassungsmäßigen Ordnung, haben also nahezu keine eigenständige Bedeutung!

Sittengesetz (Art. 2 I GG)

Gute Sitten, Treu u. Glauben => **Beachte:** Es ist kaum ein Sittengesetz denkbar, das über Vorschriften der verfassungsmäßigen Ordnung hinausgeht, somit ist es nahezu bedeutungslos!

Art. 2 II GG
Recht auf Leben u. körperliche Unversehrtheit

Prüfungsschema: I. Schutzbereich: a) Persönlicher Schutzbereich: Jede **natürliche** Person, **b) Sachlicher Schutzbereich: aa) Recht zu leben/auf Leben** (=> siehe Def.), **bb) Recht auf körperliche Unversehrtheit** (=> siehe Def.); **II. Eingriff: a) Eingriffe** in das **Leben:** Bspe.: Finaler Todesschuss, Verhängung u. Vollstreckung der Todesstrafe; **b) Eingriffe** in die **körperliche Unversehrtheit**: Bspe.: Menschenversuche, körperliche Strafen, strafprozessuale Eingriffe (z. B. Blutentnahme), Zwangssterilisation u. -kastration. **Beachte:** Liegt eine Gefährdung der **Gesundheit** vor, ist ein Eingriff zu **bejahen!** Nicht erforderlich ist eine

Schmerzzufügung; **III. Verfassungsrechtliche Rechtfertigung**: **a) Schranken**: Art. 2 II 1 GG steht unter dem einfachen Gesetzesvorbehalt des **Art. 2 II 3 GG**. Es ist also nur **aufgrund** eines Gesetzes einschränkbar, **b) Schranken-Schranken**: Hier kommen **Art. 104 I 2 GG** u. **Art. 102 GG** in Betracht. Weiterhin sind die allgemeinen Schranken-Schranken zu beachten, vor allem der Verhältnismäßigkeitsgrundsatz!

Leben (Art. 2 II GG)

Körperliches Dasein = biologisch-physische Existenz => **Beachte:** Nicht geschützt ist die Entscheidung über das eigene Leben, sprich der Suizid (h. M.).

Körperliche Unversehrtheit (Art. 2 II GG)

Schutzgut ist die **Integrität** der **Körpersphäre** = Gesundheit im physiologischen u. geistig-seelischen Sinn.

Art. 2 II 2 GG
Freiheit der Person

Prüfungsschema: I. Schutzbereich: a) Persönlicher Schutzbereich: Jede **natürliche** Person, **b) Sachlicher Schutzbereich**: Schutz der **körperlichen Bewegungsfreiheit** (=> siehe Def.); **II. Eingriff: Freiheitsbeschränkungen** oder **Freiheitsentziehungen** (=> siehe jeweils Def.); **III. Verfassungsrechtliche Rechtfertigung: a) Schranken:** **Art. 104 GG** (qualifizierter Gesetzesvorbehalt) ist **lex specialis** zu **Art. 2 II 3 GG** (einfacher Gesetzesvorbehalt). Nach Art. 104 I GG ist die Beschränkung der Freiheit nur **aufgrund** eines förmlichen Gesetzes möglich. Bei Freiheitsentziehungen zusätzlich: Art. 104 II bis IV GG, **b) Schran-**

Körperliche Bewegungsfreiheit (Art. 2 II 2 GG)

ken-Schranken: Beachtung der allgemeinen Schranken-Schranken, insbes. des Verhältnismäßigkeitsgrundsatzes.

Recht, einen **beliebigen** Ort aufsuchen oder ihn wieder zu verlassen =>**Beachte:** Abgrenzung zum Schutzbereich des Art. 11 GG.

Freiheitsbeschränkung

Einschränkung der **körperlichen** Bewegungsfreiheit

Freiheitsentziehung

Beschränkung der Freiheit auf einen enger begrenzten Ort für eine **gewisse** Mindestdauer => Bsp.: Festnahme

**Art. 3 I GG
Allgemeiner Gleichheitssatz**

Prüfungsschema siehe Def. Gleichheitsgrundrechte

**Art. 3 II, III 1 Var. 1 GG
Gleichberechtigung von Mann u. Frau**

Dieses Grundrecht stellt nach Wortlaut u. Zweck ein subj. Abwehrrecht dar. Es wird demnach wie ein **Freiheitsrecht** geprüft. **Prüfungsschema: I. Schutzbereich:**Schutz vor Diskriminierungen aufgrund des **Geschlechts; II. Eingriff:** Ein Eingriff liegt dann vor, wenn Männer gegenüber Frauen u. umgekehrt **ungleich** behandelt werden. Art. 3 II verbietet es also, das **Geschlecht** als Differenzierungskriterium heranzuziehen u. die Ungleichbehandlung hiermit zu rechtfertigen (**Absolutes** Differenzierungsverbot); **III. Verfassungsrechtliche Rechtfertigung:** Das BVerfG versteht das Diskriminierungsverbot nur als Grundsatz, d. h. es lässt Differenzierungen nach dem Geschlecht ausnahmsweise in folgenden Fällen zu: Das Geschlecht darf als sachlicher

Grund für die Ungleichbehandlung herangezogen werden, soweit **biologische** Unterschiede zwischen den Geschlechtern bestehen. Bsp.: Mutterschutzregelungen

Art. 3 III GG
Sonstige Diskriminierungsverbote

Art. 3 III GG stellt nach Wortlaut u. Zweck auch subj. Abwehrrechte dar. Es wird demnach wie ein **Freiheitsrecht** geprüft. **I. Schutzbereich**: Siehe **Art. 3 III 1 GG**: Geschlecht, Abstammung, Rasse, Sprache, Heimat, Herkunft, Glaube, religiöse/politische Anschauung; **II. Eingriff: Ungleichbehandlung** der im Schutzbereich erwähnten Kriterien; **III. Verfassungsrechtliche Rechtfertigung**: Das Differenzierungsverbot gilt **nicht** absolut (=>siehe bei Art. 3 II, III 1 Var. 1 GG). **Beachte:** Art. 3 III GG ist **speziell** gegenüber Art. 3 I GG u. **subsidiär** gegenüber Art. 3 II GG.

Art. 4, (140 GG i. V. m. Art. 136, 137 WRV)
Glaubens-, Gewissens-, Bekenntnisfreiheit

Prüfungsschema: I. Schutzbereich: a) Persönlicher Schutzbereich: Alle **natürlichen** Personen. Schutz des **Einzelnen** (Individuelle Glaubensfreiheit), aber auch **Personenvereinigungen** können sich gem. **Art. 19 III GG** auf Art. 4 GG berufen (Kollektive Glaubensfreiheit), **b) Sachlicher Schutzbereich**: Bei Art. 4 I, II GG handelt es sich nach h. M. um ein **einheitliches** Grundrecht der Glaubensfreiheit, d. h. Art. 4 I, II GG bilden einen einheitlichen Schutzbereich. Geschützt wird die **Glaubens-, Gewissens-** u. **Bekenntnisfreiheit** (=> siehe jeweils Def.). Die Religions- u.

Weltanschauungsfreiheit wird positiv u. negativ gewährleistet (=> siehe Def.). Geschützt ist die **innere** Freiheit (= religiöser Glaube u. moralische Überzeugungen) u. die **äußere** Freiheit (= Bekennen u. Verbreiten der inneren Überzeugungen). Ferner werden kultische Handlungen, religiöse/weltanschauliche Feiern u. Gebräuche geschützt; **II. Eingriff:** Liegt vor, wenn der Staat die geschützten Tätigkeiten in irgendeiner Weise **regelt** oder **behindert.** Bspe.: Pflicht zur Teilnahme am Schwimmunterricht für Schülerinnen islamischen Glaubens, Schulgebet, staatliche Warnung vor Sekten oder vor einer Religionsgemeinschaft, **III. Verfassungsrechtliche Rechtfertigung: a) Schranken:** Art. 4 GG ist ein **vorbehaltsloses** Grundrecht (h. M.), es hat also nur **verfassungsimmanente** Schranken: Grundrechte Dritter u. Schutz wichtiger Verfassungsgüter. **Beachte:** Art. 140 GG i. V. m. Art. 136 I WRV stellt **keine** Schranke des Art. 4 GG dar (h. M., str.). Die Bestimmungen der WRV werden von Art. 4 GG überlagert, **b) Schranken-Schranken:** Übermaßverbot (Praktische Konkordanz, siehe Def.)

Glaube (Art. 4 I GG)

Innere Überzeugung des Menschen von Gott u. dem Jenseits => Darunter wird aber auch die Negation eines Glaubens gefasst.

Gewissen (Art. 4 I GG)

Bewusstsein des Menschen von der Existenz des Sittengesetzes

Bekenntnis (Art. 4 I GG)	Kundgabe **bestimmter** Überzeugungen durch z. B. Musik, Bilder, Ein-/Austritt in eine Kirche
Weltanschauung (Art. 4 I, II GG)	**Nichtreligiöse** Überzeugung, wobei sie dann eine „Sinndeutung der Welt im Ganzen" darstellen muss => Bsp.: Nicht erfasst werden Urteile über politische Tagesfragen.
Positive Religionsfreiheit (Art. 4 I, II GG)	**Freiheit**, einen Glauben, ein Gewissen, eine religiöse oder weltanschauliche Überzeugung zu bilden, zu haben, zu äußern u. danach zu handeln.
Negative Religionsfreiheit (Art. 4 I, II GG)	**Freiheit**, einen Glauben, ein Gewissen, eine religiöse oder weltanschauliche Überzeugung **nicht** zu bilden, **nicht** zu haben, **nicht** zu äußern u. **nicht** danach zu handeln => Damit ist also die Freiheit gemeint, eine religiöse oder weltanschauliche Überzeugung **abzulehnen**.
Art. 4 III GG **Kriegsdienstverweigerung**	Art. 4 III 1 GG ist **lex specialis** zu Art. 4 I GG => Art. 4 III 2 ist ein **Regelungs-** u. kein normaler Gesetzes**vorbehalt**. Daher enthält er nur eine Ermächtigung des Gesetzgebers, den Schutzbereich des Art. 4 III auszugestalten.
Art. 5 I GG **Meinungs-, Informations-, Presse-,** **Rundfunk-, Filmfreiheit**	Meinungsfreiheit: **Art. 5 I 1 Var. 1 GG**; Informationsfreiheit: **Art. 5 I 1 Var. 2 GG**; Pressefreiheit: **Art. 5 I 2 Var. 1 GG**; Rundfunkfreiheit: **Art. 5 I 2 Var. 2 GG**, Filmfreiheit: **Art. 5 I 2 Var. 3 GG** => **Prüfungsschema: I. a) Schutzbereich des Art. 5 I 1 Var. 1 GG:** Geschützt sind **Meinungen** (=>

siehe Def.). Es wird **jede** Form der Meinungs**äußerung** u. -**verbreitung** geschützt! Erfasst ist auch die **negative** Meinungsfreiheit (=> siehe Def.). **Beachte:** Die Schmähkritik (=> siehe Def.) wird **nicht** geschützt; **b) Schutzbereich** des **Art. 5 I 1 Var. 1 GG:** Geschützt sind **aktives** Beschaffen u. **passive** Entgegennahme von **Informationen**, allerdings nur aus allgemein zugänglichen Quellen (=> siehe Def.). Erfasst ist auch das Recht, sich der Information zu **entziehen** (= negative Informationsfreiheit); **c) Schutzbereich** des **Art. 5 I 2 Var. 1 GG:** Geschützt ist die **Presse** (=> siehe Def.). Geschützt ist der gesamte Bereich der Pressetätigkeit von der **Beschaffung** der Information bis zur **Verbreitung** der Nachrichten u. Meinungen. Geschützt sind also **alle wesensmäßig** mit der Pressearbeit zusammenhängenden Tätigkeiten der im Pressewesen tätigen natürlichen u. juristischen Personen; **d) Schutzbereich** des **Art. 5 I 2 Var. 2 GG:** Geschützt ist der **Rundfunk** (=> siehe Def.). Dabei sind **alle wesensmäßig** mit der Berichterstattung zusammenhängenden Tätigkeiten geschützt (Beschaffung u. Verbreitung der Information). **Beachte:** Geschützt sind die öffentlich-rechtliche Rundfunkanstalt (Bspe.: ARD, ZDF), der Rundfunkjournalist u. der private Rundfunkbetreiber (Bed.: Lizenz der Landesrundfunkanstalt!); **e) Schutzbereich** des **Art. 5 I 2 Var. 3 GG:** Geschützt ist die Herstellung u. Verbreitung der **Filme** (=> siehe Def.); **II. Eingriff: a)** in die **Meinungsfreiheit**: Liegt vor, wenn der Schutzbereich durch eine beliebige Anordnung der öffentlichen Gewalt **beeinträchtigt** wird, z. B. durch Verbot bzw. Behinderung der Meinungsäußerung u. -verbreitung; **b)** in die **Informationsfreiheit**: Liegt vor, wenn der Zugang zur Information **verwehrt** oder wesentlich **erschwert** wird; **c)** in die **Presse-, Rundfunk- u. Filmfreiheit**: Liegt vor, wenn sie **beeinträchtigt, behindert** oder **unterbunden** werden. Bspe.: Beeinträchtigung der Vertraulichkeit der Redaktionsarbeit; staatliche Einflußnahme auf die Inhalte; Behinderung bei der Informationsbeschaffung; **III. Verfassungsrechtliche Rechtfertigung: a) Schranken:** Normiert in **Art. 5 II GG: aa) Allgemeine Gesetze, bb)** Gesetzliche Bestimmungen zum **Schutze der Jugend, cc)** Recht der persönlichen **Ehre** (=> siehe jeweils Def.), **b) Schranken-Schranken: 1)** Als spezielle Ausprägung des Verhältnismäßigkeitsgrundsatzes hat das BVerfG die sog. **Wechselwirkungslehre** (=> siehe Def.) entwickelt, **2) Zensurverbot** (Art. 5 I 3 GG): Das Zensurverbot kann **nicht** durch ein beschränkendes Gesetz i. S. d. Art. 5 II GG durchbrochen werden. **Beachte:** Das Zensurverbot beschränkt also wiederum die Beschränkungsmöglichkeiten!

Meinung (Art. 5 I 1 Alt. 1 GG)

Darunter ist eine **Äußerung** zu verstehen, die durch Elemente der **Stellungnahme** u. des **Dafürhaltens** gekennzeichnet ist, unabhängig davon, auf welchen Gegenstand sie sich bezieht u. welchen Inhalt sie hat => **Kurz:**

Erfasst werden also **Werturteile** u. **wertende Stellungnahmen.** Es ist **unerheblich**, ob sie obj. wahr oder falsch sind u. ob sie ethisch/moralisch „wertvoll" oder „wertlos" sind. **Beachte:** Nach h. M. werden auch Tatsachenbehauptungen (=> siehe Def.) vom Schutzbereich erfasst, wenn sie der Beförderung eines Werturteils dienen (str.).

Werturteil

Siehe Def. Meinung

Tatsachenbehauptung

Konkrete Zustände der Vergangenheit oder Gegenwart, die dem **Beweis** zugänglich sind => Bsp.: „Dieses Auto ist 4 m lang" (beweisbare Tatsache); „Dieses Auto ist hässlich (nicht beweisbar, Werturteil). **Unterschied** zum Werturteil: **Beweiszugänglichkeit.** Tatsachenbehauptungen sind **entweder** wahr **oder** unwahr, Werturteile sind **weder** wahr **noch** unwahr!

Negative Meinungsfreiheit

Recht, Meinungen **nicht** äußern u. **nicht** verbreiten zu müssen.

Schmähkritik

Liegt vor, wenn nicht die Auseinandersetzung in der Sache, sondern die **Diffamierung** der Person im Vordergrund steht => **Beachte: a)** Die Feststellung einer **Herabsetzung** der Person ist wichtig! Bloß polemische bzw. überspitzte Kritik führt **nicht** zu einer Versagung des Schutzbereichs!; **b)** Je nach **Auffassung** fällt die Schmähkritik aus dem Schutzbereich heraus oder tritt bei einer Abwägung mit den Grundrechten der durch sie betroffenen Personen (Art. 2 I GG „Allgemeines Persönlichkeitsrecht) regelmäßig zurück!

Allgemein zugängliche Quelle

Solche Quellen, die technisch geeignet u. dazu bestimmt sind, der **Allgemeinheit**, also einem individuell nicht bestimmbaren Personenkreis, Informationen zu verschaffen => Bspe.: Zeitungen, Fernsehsendungen, Gerichtsverhandlungen.

Presse (Art. 5 I 2 Var. 1 GG)

Alle zur **Verbreitung** geeigneten u. bestimmten Druckerzeugnisse u. Informationsträger, die nicht Film oder Rundfunk sind => Bspe.: Bücher, Flugblätter, Aufkleber, Leserbriefe. Es ist **egal**, ob das Druckerzeugnis nur einmal in Umlauf gebracht wird oder regelmäßig erscheint.

Rundfunk (Art. 5 I 2 Var. 2 GG)

Dieser umfasst jede an eine **Vielzahl** von Personen gerichtete Übermittlung von **Gedankeninhalten** durch physikalische, insbes. elektromagnetische Wellen, ohne Rücksicht darauf, ob dies drahtlos oder über Leitungen erfolgt => Bspe.: Hörfunk, Fernsehen, Videotext, Internet. **Beachte: a) Unterschied** zur Pressefreiheit: Technischer Verbreitungsweg!; **b)** Irrelevant ist der **Inhalt** der Darbietung!

Filme (Art. 5 I 2 Var. 3 GG)

Alle zur Darstellung durch einen **Projektor** geeigneten Bilderreihen. Diesen ist meistens eine Tonspur beigefügt u. sie werden in der Öffentlichkeit vorgeführt => **Beachte:** Handelt es sich um ein Massenmedium, dann kann auf das Kriterium der Öffentlichkeit verzichtet werden (Bsp.: DVDs).

Allgemeine Gesetze (Art. 5 II GG)

Darunter versteht man **meinungsneutrale** Gesetze, die sich **nicht** gegen eine bestimmte Meinung als solche richten, sondern deren Zweck der Schutz eines **höherwertigen** Rechtsguts ist => Allgemeine Gesetze sind Gesetze im **formellen** wie **materiellen** Sinn. **Beachte:** Unbedenklich sind solche Gesetze, die nicht an den geistigen Gehalt einer Meinung, sondern an ein bestimmtes Tun anknüpfen. Bsp.: Generalklausel im Polizeirecht (=> siehe Lektion 6)

Bestimmungen zum Schutze der Jugend (Art. 5 II GG)

Regelungen zur **Abwehr** von Gefahren, die der Jugend drohen => Bsp.: GjSM (Gesetz über die Verbreitung jugendgefährdender Schriften u. Medieninhalte)

Schutz der persönlichen Ehre (Art. 5 II GG)

Bspe.: §§ 185 ff. StGB, §§ 823, 1004 BGB

Wechselwirkungslehre

Die in die Meinungsfreiheit eingreifenden allgemeinen Gesetze müssen ihrerseits im Sinne einer **Wechselwirkung** im Lichte der Bedeutung des Grundrechts ausgelegt u. angewandt werden => Es findet somit eine Wechselwirkung zwischen dem einschränkenden Gesetz u. der Meinungsfreiheit in der Weise statt, dass die allgemeinen Gesetze zwar dem Grundrecht Schranken setzen, ihrerseits in ihrer das Grundrecht begrenzenden Wirkung aber **selbst** wieder **eingeschränkt** werden müssen. **Beachte:** Diese Theorie ist im Rahmen der Verhältnismäßigkeit in der Abwägung zu prüfen: Es ist eine **Gesamt-Güterabwägung** notwendig zwischen dem beeinträchtigten Art. 5 I u. den Interessen, die mit den allgemeinen Gesetzen verfolgt werden.

Kunstfreiheit: **Art. 5 III 1 Var. 1 GG**; Wissenschaftsfreiheit: **Art. 5 III 1 Var. 2 GG**; **Prüfungsschema**: **I. Schutzbereich: a) Persönlicher Schutzbereich: aa) Art. 5 III 1 Var. 1 GG**: Künstler u. Vermittler der Kunst (z. B. Verleger, Galerist, Filmproduzent). **Beachte**: Der Betrachter bzw. Benutzer fällt **nicht** darunter!, **bb) Art. 5 III 1 Var. 2 GG**: Alle, die eigenverantwortlich in wissenschaftlicher Weise tätig sind oder tätig werden wollen. Bspe.: Hochschullehrer, Studenten; **b) Sachlicher Schutzbereich: aa) Art. 5 III 1 Var. 1 GG**: Geschützt ist die **Kunst** (=> siehe Def.). Geschützt wird sowohl das Herstellen (= **Werkbereich**) als auch das Verbreiten bzw. Darbieten der Kunst (= **Wirkbereich**). **Beachte:** Auch ungewöhnliche Ausdrucksformen fallen unter den Kunstbegriff. Bspe.: Satire, Karikatur, Pantomime, **bb) Art. 5 III 1 Var. 2 GG**: Geschützt sind die **Wissenschaft**, **Forschung** u. **Lehre** (=> siehe Def.); **II. Eingriff**: Eingriffe in die Kunst- bzw. Wissenschaftsfreiheit können in allen **schutzbereichsverkürzenden** Verboten, Sanktionen oder tatsächlichen Maßnahmen liegen; **III. Verfassungsrechtliche Rechtfertigung**: **Verfassungsimmanente Schranken**: Art. 5 III GG unterliegt **keinem** Gesetzesvorbehalt, d. h. er ist **schrankenlos** gewährleistet. Nach h. M. ist ein Rückgriff auf die Schranken des Art. 5 II GG abzulehnen. Einschränkung nur durch kollidierendes Verfassungsrecht (Grundrechte Dritter u. wichtige Güter von Verfassungsrang):

Kunst (Art. 5 III GG)

Praktische Konkordanz (=> siehe Def.)!

Der Begriff der Kunst ist schwer zu definieren. Es gibt **3** Ansätze: **1) Formaler Kunstbegriff**: Nach diesem Begriff sind unter Kunst nur solche Tätigkeiten zu verstehen, die einer traditionellen **Kunstform** zuzuordnen sind. Bspe.: Malerei, Schauspiel, Skulpturkunst. Wenn ein solcher Fall vorliegt, dann bereitet die Zuordnung zum Schutzbereich keine Schwierigkeiten!, **2) Materialer Kunstbegriff**: Nach diesem Begriff ist für Kunst typisch die **freie** schöpferische Gestaltung, mit der der Künstler seine Eindrücke, Erfahrungen u. Erlebnisse durch das Medium einer bestimmten Formsprache nach außen deutlich macht, **3) Offener Kunstbegriff**: Hier ist entscheidend, dass dem Betrachter eine **Vielzahl** von **Interpretationsmöglichkeiten** offen steht, sich ihm also eine praktisch unerschöpfliche, vielstufige Informationsvermittlung erschließt => **Beachte: a)** Keine der Definitionsversuche bietet jeweils zuverlässige Kriterien. Deshalb wird im Zweifel Kunst **weit** ausgelegt! **Merke**: Indizien für Kunst sind ein bestimmter **Werktyp**, die **Drittanerkennung** u. die **Interpretationsfähigkeit**; **b)** Ein Graffiti-Sprüher, der Bauwerke mit Farbe besprüht u. damit den Tatbestand des § 303 StGB begeht, kann sich aber **nicht** auf Kunstfreiheit berufen! (Stichwort: **Verletzung** Rechte anderer)

Wissenschaftliche Forschung
(Art. 5 III GG)

Jede Tätigkeit, die nach Inhalt u. Form als ernsthafter u. planmäßiger Versuch zur Ermittlung der **Wahrheit** anzusehen ist => Erfasst sind somit die auf wissenschaftlicher Eigengesetzlichkeit beruhenden Prozesse, Verhaltensweisen u. Entscheidungen beim Auffinden von Erkenntnissen. Wissenschaft bildet dabei den **Oberbegriff** zu Forschung u. Lehre.

Art. 8 GG
Versammlungsfreiheit

Prüfungsschema: **I. Schutzbereich:** **a) Persönlicher Schutzbereich:** Auf **Deutsche** beschränkt. Für Ausländer: Art. 2 I GG, **b) Sachlicher Schutzbereich:** Geschützt wird die **Versammlung** (=> siehe Def.). Neben der **Durchführung** der Versammlung wird auch die **Vorbereitung** u. die **An-** u. **Abreise** geschützt. **Beachte:** Der Schutzbereich ist auf **friedliche** u. **waffenlose** (Waffe i. S. d. § 1 WaffG u. sonstige gefährliche Gegenstände, sofern sie zum Zweck des Einsatzes mitgeführt werden, Bsp.: Flaschen) Versammlungen beschränkt! Eine Versammlung ist **unfriedlich**, wenn ein gewalttätiger u. aufrührerischer Verlauf angestrebt ist oder eintritt (vgl. §§ 5 Nr. 3, 13 I Nr. 2 VersammlG). **Wichtig:** Es muss sich um ein gefährliches, körperlich aggressives Verhalten handeln;

II. Eingriff: Alle rechtlichen u. faktischen Maßnahmen, die die Vorbereitung, Durchführung u. An- u. Abreise **behindern.** Bspe.: Anmeldepflicht (§ 14 I VersammlG); Verbote; Beschränkungen;

III. Verfassungsrechtliche **Rechtfertigung**: **1) Schranken**: Versammlungen unter **freiem Himmel** (=> siehe Def.): Gesetzesvorbehalt in **Art. 8 II GG**. Zentrale Schranke für Versammlungen unter freiem Himmel sind die §§ 14 ff. VersammlG, v.a. § 15 I VersammlG des Bundes, sofern kein *vorrangiges LandesversammlG* existiert (prüfen!). **Beachte:** Hier muss es sich aber um eine **öffentliche** Versammlung (§ 1 VersG) handeln. Als **Gesetz** i. S. v. Art. 8 II GG kommen aber z. B. auch das PolG oder das Straßenverkehrsrecht in Betracht. **Beachte: a)** Das **VersG** geht als Spezialgesetz dem allg. Polizei- u. Ordnungsrecht **vor**!, **b)** Bei **nichtöffentlichen** Versammlungen: Vorschriften des allgemeinenen Polizei- u. Ordnungsrechts sind anzuwenden (h. M., str.); Versammlungen in **geschlossenen** oder **umschlossenen Räumen** fallen **nicht** unter die Schranke des Art. 8 II GG. Hier kommen also nur verfassungsimmanente Schranken (Schutz der Grundrechte Dritter oder anderer Güter mit Verfassungsrang) in Betracht. Konkretisierung: §§ 5, 13 VersammlG, sofern es sich um eine öffentliche Versammlung handelt. **2) Schranken-Schranken**: V. a. Verhältnismäßigkeitsgrundsatz. Beachte hierbei die **hohe** Bedeutung des Versammlungsrechts für die freiheitlich-demokratische Grundordnung!; **Beachte: Konkurrenzen**: Art. 5 I GG steht **selbständig** neben Art. 8 GG, da Art. 8 GG nicht lediglich ein Sonderfall der Inanspruchnahme von Meinungsfreiheit ist.

Versammlung (Art. 8 GG)	**Zusammenkunft mehrerer** (nach h. M.: 2, a. A.: 3) **Personen** zur Verfolgung eines **gemeinsamen Zwecks** (gemeinsame Meinungsbildung oder -kundgabe, str.) => **Beachte: a)** Zweck muss also die **gemeinsame** Bildung u. Äußerung von Meinungen sein (h. M.); **b) Zufällige** Ansammlungen, denen keine gemeinsame Zweckverfolgung zugrunde liegt, unterliegen **nicht** Art. 8 GG, Bsp.: Menschenansammlung nach einem Autounfall. **Aber: Spontan-** u. **Eilversammlungen** (=> siehe jeweils Def.) fallen unter Art. 8 GG.
Spontanversammlung	Versammlung, die **nicht** geplant war u. bei der **keine** Veranstalter vorhanden sind, sondern die sich aus dem **Augenblick** heraus entwickeln => Spontanversammlungen werden von der **Anmeldepflicht** (§ 14 I VersG) **ausgenommen**, soweit der mit der Spontanversammlung verfolgte Zweck bei Einhaltung der Anmeldepflicht nicht erreicht werden könnte.
Eilversammlung	Versammlung, die geplant ist u. Veranstalter hat, aber ohne Gefährdung des Versammlungszwecks nicht unter Einhaltung der **48-Stunden-Frist** des § 14 VersG angemeldet werden kann => **Unterschied** zur Spontanversammlung: Eilversammlungen sind **geplant**! Eilversammlungen sind dann anzumelden, **sobald** dies möglich ist (= verfassungskonforme Auslegung des § 14 VersG).
Öffentliche Versammlung (§ 1 VersG)	**Jeder** Person steht die Teilnahme an der Versammlung offen.

Versammlungen unter freiem Himmel (Art. 8 II GG)

Eine solche Versammlung ist gegeben, wenn sie in **nicht geschlossenen**, d. h. wenigstens nach den Seiten hin abgeschlossenen Räumen stattfindet. Ein **Dach** ist insoweit **nicht** erforderlich, da es nur darum geht, dass eine räumliche Offenheit zur **Seite** die Versammlung besonders störanfällig u. gefährlich macht.

Art. 9 GG
Vereinigungs-, Koalitionsfreiheit

Vereinigungsfreiheit: **Art. 9 I GG;** Koalitionsfreiheit: **Art. 9 III GG. Prüfungsschema:** I. **Schutzbereich: a) Persönlicher Schutzbereich: aa) Art. 9 I GG:** Nur **Deutsche** (i. S. v. Art. 116 GG), für Ausländer: Art. 2 I GG. **Beachte:** Sowohl die **individuelle** als auch die **kollektive** Vereinigungsfreiheit werden geschützt. Denn als Kollektivgrundrecht wird der Schutz der Vereinigung als solche gewährleistet!, **bb) Art. 9 III GG:** Individualgrundrecht, das für **jedermann** gilt. **Beachte:** Sowohl die **individuelle** als auch die **kollektive** Koalitionsfreiheit werden geschützt (siehe bei aa)), **b) Sachlicher Schutzbereich: aa) Art. 9 I GG:** Geschützt ist die **Vereinigung** (=> siehe Def.). Erfasst wird auch das Recht, einer Vereinigung fernzubleiben oder sie frei zu verlassen (= **negative** Vereinigungsfreiheit). **Beachte:** Die negative Vereinigungsfreiheit gilt für privatrechtliche Vereinigungen, nach h. M. aber **nicht** für öffentlich-rechtliche Vereinigungen (Bspe.: Landesärztekammer, Arbeitnehmerkammer), da diese **keine** freiwilligen Zusammenschlüsse sind (aA: Schutz vor dem staatlichen Zwang, einer öffentlich-rechtlichen Vereinigung beitreten zu müssen) . D. h. **öffentlich-rechtliche** Vereinigungen gehören **nicht** zu den Vereinigungen i. S. d. Art. 9 I GG!, **bb) Art. 9 III GG**: Geschützt ist die **Koalition** (=> siehe Def.). Erfasst wird sowohl die **positive** (Gründungs- u. Beitrittsfreiheit) als auch die **negative** Koalitionsfreiheit (Freiheit des Fernbleibens u. des Austritts); **II. Eingriff: aa) Art. 9 I GG**: Jede **belastende** (staatliche) Maß-nahme (Bsp. Verbote), **bb) Art. 9 III GG**: Liegt vor, wenn das geschützte Verhalten **geregelt** wird; **III. Verfassungsrechtliche Rechtfertigung: a) Schranken**: Art 9 II GG (**str.**, ob er auch auf die Koalitionsfreiheit angewendet werden kann. Es spricht mehr dafür, dass er nicht angewendet werden kann, denn Art. 9 II GG steht **vor** der Koalitionsfreiheit, Stichwort: systematische Stellung!) u. **verfassungsimmanente** Schranken.

Vereinigung (Art. 9 I GG)

Legaldef. in § 2 I **VereinsG** => **Vereinigung: 1)** Freiwilliger Zusammenschluss mehrerer natürlicher u./oder juristischer Personen, die **2)** einen gemeinsamen Zweck verfolgen, **3)** auf eine gewisse Dauer angelegt sind u. **4)** ein Mindestmaß an Organisation aufweisen.

Koalition (Art. 9 III GG)

Vereinigung (=> siehe Def.), deren Zweck die **Wahrung** der **Arbeits-** u. **Wirtschaftsbedingungen** ist => Bspe.: Gewerkschaften, Arbeitgeberverbände. **Beachte: a)** Allerdings sind Koalitionen nur geschützt, wenn sie 3 Merkmale aufweisen: **1)** Gegnerfreiheit, **2)** Unabhängigkeit, **3)** Überbetrieb-

Art. 12 I GG
Berufsfreiheit

lichkeit; **b) Arbeitsbedingungen:** Beziehen sich auf das Arbeitsverhältnis (Bspe.: Arbeitszeit, Lohn); **Wirtschaftsbedingungen:** Bedingungen, die wirtschafts- u. sozialpolitischen Charakter haben (Bspe.: Verringerung der Arbeitslosigkeit, Fragen der Sozialversicherung).

Prüfungsschema: I. **Schutzbereich: a) Persönlicher Schutzbereich:** Nur **Deutsche** (i. S. v. Art. 116 I GG), für Ausländer gilt: Art. 2 I GG. **Beachte:** Auch inländ. (+ EU) juristische Personen des Privatrechts werden erfasst (**Art. 19 III GG**), **b) Sachlicher Schutzbereich:** Geschützt ist der **Beruf** (=> siehe Def.). Erfasst werden die **Berufswahl** u. die **Berufsausübung** (= bei Art. 12 I GG handelt es sich also um ein **einheitliches** Grundrecht. Somit besteht ein **einheitlicher** Schutzbereich!), d. h. geschützt sind die Freiheit der **Wahl** des **Arbeitsplatzes** u. die der **Ausbildungsstätte** (= Freiheit der Berufswahl, siehe jeweils Def.); II. **Eingriff:** Ein Eingriff in Art. 12 I GG kann die **Ausübung** (das „**Wie**" der beruflichen Tätigkeit) oder die **Berufswahl** (das „**Ob**" der beruflichen Tätigkeit) betreffen. Knüpfen Zugangsvoraussetzungen an **persönliche** Eigenschaften oder Fähigkeiten an, handelt es sich um **subjektive** Zulassungsvoraussetzungen (=> siehe Def.). Sind hingegen objektive, dem Einfluss des Bewerbers **entzogene** Voraussetzungen Anknüpfungspunkt, dann liegen **objektive** Zulassungsvoraussetzungen (=> siehe Def.) vor; III. **Verfas-**

sungsrechtliche **Rechtferti-gung: a) Schranken**: Gesetzes-vorbehalt des **Art. 12 I 2 GG**. **Be-achte**: Nach dem Wortlaut des Art. 12 I 2 GG steht nur die Be-rufsausübung unter einem Re-gelungsvorbehalt. Da Wahl u. Ausübung sich aber kaum tren-nen lassen, ist auch die Berufs-wahl von Art. 12 I 2 GG erfasst (h. M.: Art. 12 I GG ist ein einheit-liches Grundrecht, deshalb stellt auch Art. 12 I 2 GG einheitlich die Berufsfreiheit unter Gesetzesvor-behalt)!; **b) Schranken-Schran-ken**: Die vom BVerfG entwickelte **„Drei-Stufen-Theorie"** (siehe Apothekenurteil, BVerfGE 7, 377 ff.): Es handelt sich zwar bei Art. 12 I GG um ein einheitliches Grundrecht, dennoch muss inner-halb dieses Grundrechts differen-ziert werden! So verlangen die unterschiedlichen Eingriffe unter-schiedliche Anforderungen an die Rechtfertigung: Die **erste Stufe** bilden **Berufsausübungsrege-lungen** (= Regelungen, die das „Wie" der beruflichen Tätigkeit zum Gegenstand haben). Der Eingriff ist verfassungsrechtlich gerechtfertigt, wenn vernünftige Erwägungen des **Allgemein-wohls** die Regelung als zweck-mäßig erscheinen lassen. Bei Eingriffen in die **Berufswahl** (das „Ob" der Betätigung) ist zwischen **subj.** u. **obj.** Zulassungsvor. zu unterscheiden. **Zweite Stufe: Subj.** Zulassungsvor.: Der Ein-griff ist verfassungsrechtlich ge-rechtfertigt, wenn er dem **Schutz wichtiger Gemeinschaftsgüter** dient. **Dritte Stufe: Obj.** Zulas-sungsvor.: Der Eingriff ist verfas-sungsrechtlich gerechtfertigt, wenn er zur **Abwehr** nachweis-

barer oder höchstwahrschein-
licher **schwerer Gefahren** für ein
überragend wichtiges Gemein-
schaftsgut **zwingend** geboten ist.
Beachte: Überragend wichtige
Gemeinschaftsgüter: Bspe.:
Volksgesundheit, Steuerrechts-
pflege. Vorgehensweise in der
Klausur: „Drei-Stufen-Theorie" i.
R. d. Verhältnismäßigkeitsprü-
fung: **aa)** Verfolgung eines **legi-
timen** Ziels, **bb) Geeignetheit**
des Mittels zur Erreichung des
Ziels, **cc) Erforderlichkeit:** Hier
wird dann die „Drei-Stufen-Theo-
rie" relevant! Eingriffe sind nach
der **Intensität** zu unterscheiden
(=> Benennung der 3 Stufen): **a)**
Ein Eingriff auf einer höheren
Stufe ist nur zulässig, wenn der
Zweck durch einen Eingriff auf
einer niedrigeren Stufe **nicht** er-
reicht werden kann, **b)** Zusätzlich
muss es sich auf der jeweiligen
Stufe um den **mildesten** gleich
geeigneten Eingriff handeln, **dd)**
Verhältnismäßigkeit i. e. S.: Gü-
terabwägung zwischen Zweck u.
Ausmaß des Grundrechtseingriffs
(=> Prüfung der vom BVerfG auf-
gestellten Anforderungen für die
jeweils einschlägige Stufe: **1 Stu-
fe:** Sachgerechte Erwägungen
des Allgemeinwohls u. s. w., s.
o.); **Beachte:** Konkurrenz zu Art.
14 GG: **Art. 12 I GG** schützt den
Erwerb, Art. 14 I GG schützt das
Erworbene!

Beruf (Art. 12 I GG)

Jede auf **Dauer** angelegte Tätig-
keit, die der **Schaffung** u. **Erhal-
tung** einer **Lebensgrundlage**
dient => Ob es sich um eine **er-
laubte** Tätigkeit handelt, spielt für
den Schutzbereich des Art. 12 I
GG keine Rolle, soweit sie nur
nicht schlechthin gemeinschäd-

lich ist (h. M., str.). **Beachte: a)** Es ist **unerheblich**, ob es sich um eine selbständige oder um eine unselbständige Tätigkeit handelt, **b)** Es werden auch nicht ganz unbedeutende Nebentätigkeiten erfasst, wenn sie zur Erhaltung der Lebensgrundlage dienen!

Arbeitsplatz

Stätte, an welcher der Einzelne einem gewählten Beruf im konkreten Fall nachgehen möchte.

Ausbildungsstätte

Alle Einrichtungen, die dem **Qualifikationserwerb** für bestimmte Berufe oder Berufsgruppen dienen => Bspe.: Lehrstelle, Hochschule, Fachhochschule. **Beachte:** Bildungsstätten zählen **nicht** dazu, Bspe.: Volkshochschule, Grundschule.

Subjektive Zulassungsvor.

Liegen vor, wenn der Zugang von bestimmten **persönlichen** Eigenschaften, Fähigkeiten u. Fertigkeiten des Bewerbers abhängig gemacht wird => Bspe.: Staatsexamen für Rechtsanwälte, Höchstaltergrenzen, Diplome, Examina.

Objektive Zulassungsvor.

Diese verlangen von dem Bewerber die Erfüllung obj. Kriterien, auf die er **selbständig keinen Einfluss** nehmen kann, d. h. diese Kriterien haben mit der Person nichts zu tun => Bspe.: Bedürfnisklauseln (z. B. für den Verkehr mit Taxen), Höchstzahlen für den Güterverkehr.

Art. 14 GG
Eigentumsgarantie

Prüfungsschema: I. Schutzbereich: a) Persönlicher Schutzbereich: Jedermann u. juristische Personen des Privatrechts (Art.

19 III GG), **nicht**: juristische Personen des öffentlichen Rechts! **b) Sachlicher Schutzbereich**: Geschützt ist das **Eigentum** (=> siehe Def.). Erfasst werden der **Bestand** u. die **Nutzung** des Eigentums. Ferner ist die **negative** Eigentumsfreiheit geschützt (= Möglichkeit, Eigentum nicht zu nutzen). **Beachte: a)** Das **Vermögen** als solches fällt **nicht** in den Schutzbereich, d. h. Art. 14 GG schützt nur **konkrete** Rechtspositionen bzw. Vermögenswerte u. nicht das Vermögen selbst. Ferner sind **nicht** geschützt: **bloße** Aussichten, Erwartungen, Gewinn- u. Umsatzchancen; **II. Eingriffe**: Sie können **1)** durch **Inhalts-** u. **Schrankenbestimmungen** (Art. 14 I 2 GG), **2)** durch **Enteignung** (Art. 14 III GG) u. **3)** durch **sonstige Beeinträchtigungen** erfolgen (=> siehe jeweils Def.). **Beachte: Abgrenzung** Enteignung / Inhalts- u. Schrankenbestimmung: **1) Frühere** Abgrenzungsversuche: **a) Sonderopfertheorie** (BGH): Danach ist eine Enteignung ein Eingriff, der den Betroffenen im Verhältnis zu anderen **ungleich** belastet u. ihn zu einem besonderen, den Übrigen nicht zugemuteten Opfer zwingt, **b) Schweretheorie** (BVerwG): Danach liegt eine Enteignung vor, wenn die staatliche Maßnahme einen Eingriff von besonderer **Schwere** u. Tragweite enthält u. dies für den Betroffenen **unzumutbar** ist; **2) Formale Unterscheidung** des BVerfG: Nur dann, wenn der Gesetzgeber die Eigentumsposition **zielgerichtet**, individuell u. konkret entziehen will, ist eine **Enteignung** gegeben. Legt er hin-

gegen **abstrakt-generell** Rechte u. Pflichten fest, handelt es sich um eine **Inhalts-** u. **Schrankenbestimmung. Merke:** Inhalts- u. Schrankenbestimmung: abstrakt-generell; Enteignung: konkret-individuell; **III. Verfassungsrechtliche Rechtfertigung: a)** der Inhalts- u. Schrankenbestimmung: Einfacher Gesetzesvorbehalt des **Art. 14 I 2 GG:** Inhalts- u. Schrankenbestimmungen dürfen nur **durch** Gesetz erfolgen. Inhalts- u. Schrankenbestimmungen müssen dem Verhältnismäßigkeitsgrundsatz entsprechen: **1) Zweck:** Einziges verfassungslegitimes Ziel, das durch den Gesetzgeber verfolgt werden darf, ist die Verwirklichung der **Sozialbindung** des Eigentums (Art. 14 II GG), **2) Geeignetheit:** zur Erreichung des Wohls der Allgemeinheit (Art. 14 II 2), **3) Erforderlichkeit:** zur Erreichung des Wohls der Allgemeinheit (Art. 14 II 2 GG), **4) Verhältismäßigkeit i. e. S.:** Abwägung zwischen Art. 14 I 1 GG u. Art. 14 II 2. Dabei kann der Eingriff in Art. 14 I 1 GG umso weiter gehen, je größer der soziale Bezug u. die soziale Funktion des Eigentums sind! **Beachte: aa)** Ist eine Inhalts- u. Schrankenbestimmung **unverhältnismäßig,** dann kann dieser Verstoß auf **2** Arten abgewendet werden: Der Gesetzgeber schafft **Übergangs-** u. **Ausgleichsregelungen,** die der Regelung die Härte nehmen oder er schafft eine **Entschädigungsregelung** für den Betroffenen; **bb) Rechtsweg** bei Entschädigungsansprüchen: § 40 II 1 VwGO, d. h. also vor den Verwaltungsgerichten; **b)** der **Enteignung:** Qualifizierter Gesetzesvorbehalt des **Art. 14 III 2 GG**. Eine Enteignung darf nur **durch** Gesetz (= **Legalenteignung**) oder **auf Grund** eines Gesetzes (= **Administrativenteignung**) u. nur zum **Wohl** der Allgemeinheit erfolgen. Das Gesetz muss selbst Art u. Ausmaß der Entschädigung regeln (= **Junktimklausel**, Art. 14 III 2 HS 2 GG). Der Gesetzgeber muss selbst die **Vor.** näher festlegen, unter denen die Verwaltung eine Enteignung vornehmen darf. **Beachte: Ohne** Entschädigungsregelungen ist ein Enteignungsgesetz **verfassungswidrig!** Unzulässig sind salvatorische Klauseln (h. M.). Schließlich muss der Grundsatz der Verhältnismäßigkeit gewahrt bleiben. Die **Abwägung** erfolgt zwischen den Interessen der Allgemeinheit u. den Interessen des Rechtsinhabers (= Betroffenen)!

Eigentum (Art. 14 GG)

All das, was das **einfache** Recht als Eigentum versteht. **Beachte:** Der Gesetzgeber regelt Inhalt u. Schranken des Eigentums (Art. 14 I 2 GG), d. h. er definiert damit mittelbar auch den Schutzbereich => Bspe.: **1)** Sämtliche vermögenswerte Rechte des Privatrechts: Sacheigentum, dingliche Rechte (z. B. Hypothek, Grundschuld), Forderungen, Patent-, Urheber-, Warenzeichenrechte, **2)** Rechte am eingerichteten u. ausgeübten Gewerbebetrieb: Einfachgesetzlich ist dieses Recht als „sonstiges Recht" durch § 823 I BGB geschützt. Geschützt ist alles, was den **wirtschaftlichen Wert** des Be-triebs ausmacht (h. M.), **3)** Öffentlich-rechtliche Vermögenspositionen: Diese fallen nur dann in den Schutzbereich des Art. 14 GG, wenn sie nicht nur auf bloßer staatlicher Gewährleistung beruhen, sondern als **Gegenleistung** für eine eigene Leistung des Betroffenen anzusehen sind. Hier ist also das Kriterium, ob das subj.-öffentliche Recht durch eigene Arbeit bzw. Leistung erworben wurde. Bspe.: Anspruch auf Arbeitslosengeld, Rente aus der Sozialversicherung. **Nicht** darunter fallen z. B. Ansprüche auf Sozialhilfe, Ansprüche auf Subventionen.

Inhalts- u. Schrankenbestimmungen (Art. 14 I 2 GG)

Es kann **durch** Gesetze definiert werden, was Eigentum ist, d. h. bei einer Inhalts- u. Schrankenbestimmung handelt es sich um eine **Neuregelung** des Eigentumsbegriffs durch generelle u. abstrakte Festlegung von Rechten u. Pflichten der Eigentümer.

Enteignung (Art. 14 III GG)

Liegt vor bei vollständiger oder teilweiser **Entziehung konkreter**, von Art. 14 I GG geschützter subjektiver Rechtspositionen zur Erfüllung öffentlicher Aufgaben => **Beachte: a) 2** Formen der Enteignung: **1) Administrativenteignung**: Enteignung erfolgt **aufgrund** eines Gesetzes (durch Exekutive, Bspe.: VA, Rechtsverordnung, Satzung), **2) Legalenteignung** (auch Legislativenteignung genannt): Enteignung erfolgt **unmittelbar** durch **formelles** Gesetz; **b)** Die **Legalenteignung** ist nur **ausnahmsweise zulässig** (Argument: es handelt sich ja hier um ein Einzelfallgesetz! Die Rechtsschutzmöglichkeiten des Bürgers werden eingegrenzt, es ist nur eine Verfassungsbeschwerde möglich).

Sonstige Beeinträchtigungen

Darunter fallen **enteignende** u. **enteignungsgleiche** Eingriffe (=> siehe jeweils Def.). Diese Institute hat der BGH in Abgrenzung zur Enteignung entwickelt u. ursprünglich auf Art. 14 III GG gestützt.

Enteignungsgleicher Eingriff

Liegt vor bei einer **rechtswidrigen** hoheitlichen Maßnahme, die in das Eigentum eingreift und dem Betroffenen ein **Sonderopfer** abverlangt. Aufgrund des Naßauskiesungsbeschlusses des BVerfG obliegt es dem Einzelnen, alle Möglichkeiten auszuschöpfen, um den Eigentumseingriff selbst durch geeignete Rechtsbehelfe abzuwehren. Es gilt also der Grundsatz des Vorrangs des Primärrechtsschutzes, den der BGH dogmatisch nunmehr bei der Frage des Mitverschuldens einordnet. Entgegen der früheren Rechtsprechung besteht folglich **keine Möglichkeit des „dulde und liquidiere"**. Sofern der Betroffene die Ergreifung entsprechender Rechtsbehelfe **schuldhaft unterlässt**, entfällt der Anspruch aus enteignungsgleichem Eingriff.

Enteignender Eingriff

Liegt vor, wenn eine an sich **rechtmäßige** Maßnahme unvorhergesehene Nebenfolgen hat, die die Schwelle des eigentumsrechtlichen Zumutbaren überschreiten => **Beachte:** Siehe Def. enteignungsgleicher Eingriff.

3. Lektion: Allgemeines Verwaltungsrecht

Verwaltung

Siehe Def. 1. Lektion

Ermessen

Liegt vor, wenn das Gesetz bei einem Tatbestand nicht eine bestimmte Rechtsfolge bestimmt, sondern der Verwaltung einen **Handlungsspielraum** einräumt. Die Behörde ist dann befugt, ihr Verhalten nach **eigenen** Zweckmäßigkeitserwägungen auszurichten => Bsp.: Nach § 15 III B-VersammG kann eine nicht angemeldete Versammlung aufgelöst werden. Die Behörde ist dazu berechtigt, aber **nicht** verpflichtet. Sie hat also die **Wahl** zwischen den beiden Möglichkeiten „Auflösung" oder „Nichtauflösung". **Beachte: a)** Rechtsnormen, die der Verwaltung Ermessen einräumen, erkennt man an Formulierungen wie „kann" oder „darf", „ist befugt". Dagegen ist die Verwaltung/Behörde zum Handeln **verpflichtet**, wenn die Ausdrücke „muss", „ist zu", „hat zu" u. s. w. verwendet werden. Bsp.: Die Erlaubnis ist zu widerrufen, wenn... (§ 15 II GaststättenG); **b)** Ferner gibt es noch die sog. **Soll-Vorschrift**: Wenn die Behörde unter bestimmten Vor. tätig werden **soll**, dann ist sie dazu in der Regel verpflichtet, kann aber in Ausnahmefällen u. zwar in **atypischen** Fällen davon absehen! Bsp.: Nach § 12 IV WPflG *sollte* der Wehrpflichtige bei Vorliegen eines Härtefalles zurückgestellt werden, wenn nicht ausnahmsweise -etwa im Blick auf die angespannte Wehrersatzlage- seine Heranziehung erforderlich war; **c)** Unterscheide **2** Arten des Ermessens: **a) Entschließungsermessen, b) Auswahlermessen** (=> siehe jeweils Def.); **d)** Folgende **Ermessensfehler** sind zu kennen: **aa) Ermessensüberschreitung, bb) Ermessensnichtgebrauch** (Ermessensunterschreitung), **cc) Ermessensfehlgebrauch** (Ermessensmissbrauch) (=>siehe jeweils Def.). **Folge** von Ermessensfehlern: Der VA ist bei Vorliegen eines Ermessensfehlers in der Regel rechtswidrig u. damit aufhebbar. In schweren Fällen, z. B. bei offensichtlicher Willkür, ist der VA gem. § 44 VwVfG nichtig; **e)** Zusätzlich ist noch die **Ermessensreduzierung** zu beachten (=> siehe Def.).

Entschließungsermessen

Das betrifft die Frage, ob die Behörde **überhaupt** tätig wird => Bsp.: §§ 48, 49 VwVfG. **Beachte:** Entschließungs- u. Auswahlermessen können auch in **einer** Norm vorkommen. Bsp.: § 5 GaststättenG

Auswahlermessen

Das betrifft die Wahl des **richtigen** Mittels u. des **richtigen** Verantwortlichen => Bsp.: Auswahlermessen bezgl. des Adressaten im Polizei- u. Ordnungsrecht: Der Verhaltensstörer, der Zustandsstörer (=> siehe Def. in Lektion 6) oder nicht verantwortliche Personen können in Anspruch genommen werden. Bspe.: Inanspruchnahme eines Nichtstörers: BaWü: § 9 PolG; NRW: § 6 PolG, § 19 OBG

Ermessensüberschreitung

Liegt vor, wenn die Behörde eine **nicht** mehr im Rahmen der Ermessensvorschrift liegende Rechtsfolge wählt => Bsp.: Die

Behörde verlangt eine Gebühr von 100 Euro, obwohl nach der einschlägigen Gebührenordnung nur eine Gebühr von 50 bis 80 Euro erhoben werden kann.

Ermessensnichtgebrauch

Ermessensunterschreitung. Liegt vor, wenn die Behörde von dem ihr zustehenden Ermessen **keinen** Gebrauch macht, z. B. aus Nachlässigkeit oder weil sie irrtümlich davon ausgeht, sie sei kraft zwingenden Rechts zum (Nicht-)Handeln verpflichtet => Auch wenn es im Ermessen der Behörde liegt, ob sie tätig werden will oder nicht, **muss** sie prüfen, ob ein Einschreiten im konkreten Fall angebracht oder sogar erforderlich ist. Bsp.: Der Anwohner X verlangt von der Polizei, gegen das frühzeitige u. ruhestörende Glockenläuten der angrenzenden Kirche einzuschreiten. Die Polizeibehörde unternimmt jedoch nichts, weil sie irrtümlich glaubt, dass sie überhaupt nicht befugt sei, gegenüber Kirchen Anordnungen zu erlassen.

Ermessensfehlgebrauch

Ermessensmissbrauch. Liegt vor, wenn sich die Behörde **nicht ausschließlich** vom Zweck der Ermessensvorschrift leiten lässt. Das ist der Fall, wenn die Behörde sich von **sachfremden** Erwägungen leiten lässt oder sie bei der Ermessensausübung von einem **unzutreffenden** Sachverhalt ausgeht => Bsp.: Ermessensfehlerhaft wären persönliche oder parteipolitische Rücksichtnahmen.

Ermessensreduzierung

Beim Ermessen hat die Verwaltung die **Wahl** zwischen verschiedenen Verhaltensweisen. Im Einzelfall können sich aber die Wahlmöglichkeiten auf **eine** Alternative **reduzieren.** Das ist dann der Fall, wenn alle anderen Entscheidungen ermessensfehlerhaft wären. Die Behörde ist dann **verpflichtet**, diese eine ihr noch verbleibende Entscheidung zu „wählen". Dies nennt man **Ermessensreduzierung auf Null** => **Beachte:** Die Ermessensausübung kann auch durch die Grundrechte reduziert sein!

Verwaltungsakt

Legaldef. in § **35 S. 1 VwVfG** => Ein VA hat demnach folgende Merkmale: **1)** Hoheitliche Maßnahme, **2)** einer Behörde, **3)** zur Regelung, **4)** eines Einzelfalles, **5)** auf dem Gebiet des öffentlichen Rechts, **6)** unmittelbare Rechtswirkung nach außen (=> siehe jeweils Def.). **Beachte: a)** Ob ein VA vorliegt, beurteilt sich danach, ob **alle** Merkmale eines VA **obj.** vorliegen!; **b) Aufhebung** von (begünsitgenden/belastenden) VAe: **1) Rücknahme:** Diese bezieht sich auf (ursprünglich) **rechtswidrige** VA (§ **48 VwVfG**); **2) Widerruf:** Aufhebung eines **rechtmäßigen** VA (§ **49 VwVfG**). Bei der Unterscheidung Rücknahme/Widerruf ist entscheidend, ob der aufzuhebende VA zum Zeitpunkt des Erlasses des VA **objektiv rechtswidrig** war. Beachte **zwei Sonderfälle: 1)** Fallen die Vor. eines auf laufende Geldleistung gerichteten oder diesem zugrunde liegenden VAs später weg, richtet sich die Aufhebung für die Zeit vom Wegfall der Vor. an nach § 48 VwVfG

(Rücknahme eines insoweit rechtswidrig gewordenen VAs), **2)** Wenn die nach Erlass des VAs eintretende Rechtswidrigkeit auf den Zeitpunkt des Erlasses zurückwirkt, so liegt ein ursprünglich rechtswidriger VA vor, auf den § 48 VwVfG anzuwenden ist. Im umgekehrten Fall gilt: wird ein rechtswidriger VA rückwirkend rechtmäßig, dann greift § 49 VwVfG; **c) Prüfungsschema: Rechtmäßigkeit des VAs: A. Ermächtigungsgrundlage:** Es ist die Norm zu nennen, auf die der Eingriff durch die Behörde gestützt wird. **Beachte: Spezielle** Regelungen sind immer **vor** den allgemeinen zu prüfen. Bspe.: § 15 I, 13, 5 VersG; §§ 48 ff. VwVfG; 15 I, III GaststättenG; § 35 I GewO. Ferner kommen als Ermächtigungsgrundlage auch Rechtsverordnungen u. Satzungen in Betracht; **B. Formelle Rechtmäßigkeit: 1) Zuständigkeit** der Erlassbehörde: Hier ist die **sachliche** u. **örtliche** Zuständigkeit der handelnden Behörde zu prüfen. **Örtliche Zuständigkeit:** Sofern Spezialgesetze fehlen, richtet sich diese nach **§ 3 VwVfG.** Bei der örtlichen Zuständigkeit ist demnach zu prüfen, welchem Organ eines Verwaltungsträgers, d. h. welcher Behörde, die Aufgabe zugewiesen ist (= **Organkompetenz**). **Beachte:** Ein **Verstoß** gegen § 3 I Nr. 1 VwVfG führt zur **Nichtigkeit** (§ 44 II Nr. 3 VwVfG), damit sind die §§ 45, 46 VwVfG **nicht** anwendbar! **Sachliche Zuständigkeit:** Dies entscheidet sich nach den Vorschriften des der Rechtsgrundlage zugrunde liegenden Normengefüges. Es ist also die

Frage zu klären, welcher Verwaltungsträger eine bestimmte Verwaltungsaufgabe wahrzunehmen hat (= **Verbandskompetenz**). **Beachte: Verstöße** gegen die sachliche Zuständigkeit führen auch zur **Rechtswidrigkeit**, § 45 VwVfG ist also **nicht** anwendbar (Verletzung von Vorschriften über das Verfahren oder die Form), **2) Verfahren** (insbes. §§ 20, 21, 28 VwVfG), **3) Form**: Es gilt der Grundsatz der **Formfreiheit**, §§ 10, 37 II VwVfG. Bsp.: Ein VA kann also mündlich, schriftlich, elektronisch u. s. w. erlassen werden. **Beachte:** Die Formfreiheit gilt dann **nicht**, wenn eine **bestimmte** Form vorgeschrieben ist. Bspe.: Ernennungsurkunde nach § 6 II BBG; Erlaubnisurkunde nach § 3 GaststättenG. **Beachte:** Ein schriftlicher VA ist nach **§ 39 I VwVfG** auch schriftlich zu **begründen**, d. h. die wesentlichen tatsächlichen u. rechtlichen Gründe der Behörde sind im Bescheid mitzuteilen. **Ausnahme: § 39 II VwVfG, 4) Evtl. Heilung** von Verfahrens- u. Formvorschriften (**§ 45 VwVfG**): Beachte auch hier **§ 46 VwVfG**!; **C. Materielle Rechtmäßigkeit: 1) Tatbestandsvor.** der Ermächtigungsgrundlage prüfen: Hier sind vor allem die sog. **unbestimmten Rechtsbegriffe** (=> siehe Def.) u. die **Beurteilungsspielräume** von Bedeutung. Beim **Beurteilungsspielraum** ist problematisch, inwieweit die Gerichte die behördliche Anwendung unbestimmter Rechtsbegriffe kontrollieren dürfen. **Grundsätzlich** ist davon auszugehen, dass ein behördlicher Beurteilungsspielraum **nicht** anzuerkennen ist, d. h., dass die Gerichte das tatbestandliche Vorliegen einer Norm voll nachprüfen können. **Ausnahmen**, in denen der Behörde ein Beurteilungsspielraum zusteht: **aa)** Bei **prüfungs-** u. **prüfungsähnlichen Entscheidungen.** Hier werden prüfungsspezifische Bewertungen im Gesamtzusammenhang des Prüfungsverfahrens getroffen, Bspe.: Abitur, Staatsprüfungen; **bb) Beamtenrechtliche Beurteilung** u. **Einstellungsentscheidungen.** Hier ist dem Dienstherrn ein gerichtlich nicht nachprüfbarer Beurteilungsspielraum eingeräumt; **cc) Prognoseentscheidungen.** Bsp.: Rückkehrprognose bei der Entscheidung über die Gewährung von Strafgefangenenurlaub; **dd) Entscheidungen wertender Art.** Hier wird der Beurteilungsspielraum bei Wertungsentscheidungen durch weisungsfreie Ausschüsse anerkannt, die mit Sachverständigen u./oder Interessenvertretern besetzt sind. **Beachte:** In den 4 genannten Fällen kann das Gericht jedoch zumindest prüfen, ob der **gesetzliche Rahmen**, der dem Gesetzesanwender eingeräumt wurde, **überschritten** wurde, d. h. ob Beurteilungsfehler vorliegen: Missachtung der Verfahrensvorschriften; falsche Auslegung eines Tatbestandsmerkmals; Verstoß der Beurteilung gegen allgemein anerkannte Bewertungsmaßstäbe; Heranziehen sachfremder Erwägungen; Missachtung der Chancengleichheit (Art. 3 I GG) der (Prüfungs-)Kandidaten; Einhaltung der Prüfungsbestimmungen; Beurteilung ging von einem unzu-

114

treffenden Sachverhalt aus; **2) Verhältnismäßigkeit, 3) Keine Ermessensfehler** beim Auswahl- oder Entschließungsermessen: **aa)** Ermessensnichtgebrauch, **bb)** Ermessensfehlgebrauch, **cc)** Ermessensüberschreitung (=> siehe jeweils Def.), **4)** Evtl. **Ermessensreduzierung auf Null** (=> siehe Def.).

Begünstigender VA

Legaldef. in § **48 I 2 VwVfG** => Er **begründet** oder **bestätigt** ein Recht oder einen rechtlich erheblichen Vorteil. Bspe.: Baugenehmigung, Gewerbeerlaubnis

Belastender VA

Liegt vor, falls er **Pflichten** begründet, **Gebote** oder **Verbote** auferlegt, Rechte **aufhebt** oder zum **Nachteil** bestätigt oder sonstige rechtlich erhebliche **Nachteile** begründet oder bestätigt => Bspe.: Beamtenentlassung, Ablehnung einer Baugenehmigung.

Mehrstufiger Verwaltungsakt

Liegt vor, wenn eine Regelung **mehrere** aufeinander folgende Akte vorsieht, d. h. **mehrere Behörden** an einem VA mitwirken, dem Bürger aber nur die **letzte** Entscheidung bekannt gegeben wird => siehe auch die Def. unmittelbare Außenwirkung.

Realakt

Siehe Def. Regelung.

Unbestimmter Rechtsbegriff

Es handelt sich um eine **generalklauselartige** Formulierung im Gesetzestext => Bspe.: Unzuverlässigkeit in § 35 I GewO; Einfügen in § 34 BauGB. **Allgemeine Begriffe**: z. B. Öffentliches Interesse, Gemeinwohl, wichtiger Grund. **Beachte:** Die Auslegung unbestimmter Rechtsbegriffe ist grundsätzlich **gerichtlich** voll überprüfbar. Ungeachtet seiner inhaltlichen Unschärfe gibt es für jeden unbestimmten Rechtsbegriff immer nur genau **eine** richtige Auslegung!

Hoheitliche Maßnahme

Eine **Maßnahme** ist jedes **zweckgerichtete** Verwaltungshandeln mit **Erklärungsgehalt**. **Hoheitlich** ist die Maßnahme, wenn sie dem **öffentlichen** Recht zuzurechnen ist, insbes. wenn sie in Vollzug öffentlich-rechtlicher Vorschriften ergeht => **Beachte: a)** Der Begriff der Maßnahme umfasst **eine Reihe** von Verwaltungshandlungen, nämlich Ge- u. Verbote, Feststellungen, Gewährungen u. deren Versagungen; **b)** Der VA unterliegt nach § 37 **VwVfG** keinen Formerfordernissen, d. h. er kann schriftlich oder mündlich oder in jeder anderen Form ergehen, die etwas zum Ausdruck bringen soll. Bsp.: Signal einer Verkehrsampel

Behörde

Jede Stelle, die Aufgaben der öffentlichen Verwaltung wahrnimmt (§ 1 IV **VwVfG**) => **Beachte:** Maßnahmen von **Privat**personen sind also **keine** VA. **Ausnahme: Beliehene** (=> siehe Def.). Hiervon zu unterscheiden sind die **Verwaltungshelfer** (=> siehe Def.).

Regelung

Darunter versteht man eine Anordnung, die auf Herbeiführung einer **Rechtsfolge** gerichtet ist => **Beachte: a)** Abgrenzung zum **Realakt** (= tatsächliches Verwaltungshandeln): Realakte sind **nicht** auf die Herbeiführung einer Rechtsfolge gerichtet, sondern auf die Herbeiführung eines **tatsächlichen Erfolgs**. Bspe.: Auskünfte, Belehrungen, Hinweise, schlichte Zahlungsaufforderungen. **Merke:** Die Erklärungen der Behörde enthalten also nur eine Mitteilung oder eine Bewertung u. sollen gerade **keine** unmittelbaren Rechtswirkungen hervorbringen!; **b)** Abgrenzung zu **vorbereitenden** Maßnahmen / Teilmaßnahmen: Bspe.: Ladung zu einer mündlichen juristischen Staatsprüfung, Anordnung einer medizinisch-psychologischen Untersuchung. Solche Maßnahmen enthalten noch **keine abschließende** Regelung, d. h. sie scheiden aus dem Verwaltungsaktbegriff **aus**!; **c)** Abgrenzung zu **wiederholende Verfügungen: Keinen** eigenen Regelungsgehalt haben wiederholende Verfügungen. Hier wiederholt die Behörde lediglich den Inhalt eines früher erlassenen VA, ohne eine erneute Sachprüfung vorgenommen zu haben. Das erneute Erlassen eines bereits ergangenen VA ist **kein** VA! **Beachte:** Enthält aber der weitere Bescheid eine **erneute** sachliche Begründung, dann liegt eine Regelung in Form eines sog. **Zweitbescheides** u. damit ein VA vor.

Eines Einzelfalles

Das Merkmal des Einzelfalls dient der Abgrenzung zur **Rechtsnorm** (= Parlamentsgesetz, Rechtsverordnung, Satzung), die eine unbestimmte Zahl von Fällen u. eine unbestimmte Zahl von Personen betrifft u. damit einen abstrakt-generellen Charakter hat => **Merke:** Ob also eine Einzelfallregelung oder eine Rechtsnorm vorliegt, hängt davon ab, ob die Regelung **konkret** oder **abstrakt** u. ob die Regelung

individuell oder **generell** ist. Unter einer **konkreten Regelung** versteht man, dass nur ein ganz konkreter **einzelner** Sachverhalt geregelt wird. Dagegen wird bei einer **abstrakten Regelung** eine **unbestimmte** Vielzahl von Fällen geregelt. **Individuell** bedeutet: Die Regelung richtet sich an eine zum Zeitpunkt des Erlasses bestehende **bestimmte** bzw. **bestimmbare Zahl** von Adressaten. Eine **generelle Regelung** richtet sich dagegen an eine **unbestimmte Zahl** von Adressaten. **Beachte: a)** Es gibt **4** verschiedene Möglichkeiten der Regelung: **1) Konkret-individuelle Regelung**: Es liegt ein **VA** vor. Bsp.: Erlaubnis zum Betreiben einer Gaststätte. **Beachte: Individuell** ist eine Regelung auch dann noch, wenn sie sich zwar nicht an eine Person, aber doch an einen individuell bestimmten oder bestimmbaren Personenkreis richtet; **2) Abstrakt-generelle Regelung: Kein** VA, sondern formelle Gesetze, Rechtsverordnungen, Satzungen (also **Normen**). Bsp.: Eine Verordnung regelt, dass Hundebesitzer Dritte vor Gefahren durch ihre Hunde ausreichend schützen müssen; **3) Abstrakt-individuelle Regelung**: Es liegt ein **VA** vor (h. M.). Hier betrifft die Regelung zwar nur einen bestimmten Adressaten, ist aber im Zeitpunkt des Erlasses für eine unvorhersehbare Anzahl von Fällen gedacht. Bsp.: Dem Kühlturmbetreiber X wird aufgegeben, jedes Mal, wenn die Nebelschwaden seines Kühlturmes zu Glatteis zu führen drohen, die umliegenden Straßen zu streuen; **4) Konkret-generelle**

Regelung: Es liegt ein **VA** in Form einer **Allgemeinverfügung** (**§ 35 S. 2 VwVfG**) vor (h. M.). Bsp.: Verbot einer geplanten, nicht-öffentlichen Versammlung. Hier bezieht sich die Regelung auf einen konkreten Sachverhalt, allerdings ist sie generell, weil der betroffene Personenkreis (noch) nicht feststeht. **Beachte: a)** Folgende **Arten** von Allgemeinverfügungen sind zu kennen: **aa) Adressatenbezogene** Allgemeinverfügung: **§ 35 S. 2 Var. 1 VwVfG**. Bsp.: Auflösung einer Versammlung; **bb) Sachbezogene** (dingliche) Allgemeinverfügung: **§ 35 S. 2 Var. 2 VwVfG**. Bsp.: In der Gemeinde X wurde eine neue Durchfahrtsstraße gebaut, die von der zuständigen Straßenverkehrsbehörde für den öffentlichen Verkehr gewidmet wird. **Widmung** (= öffentliche Zweckbestimmung) der Straße = **VA; cc) Benutzungsregelnde** Allgemeinverfügung: **§ 35 S. 2 Var. 3 VwVfG**. Bsp.: Benutzungsordnung einer öffentlichen Einrichtung (Bsp. Museum). **Merke:** Auch **Verkehrsschilder** gehören in diese Gruppe! Da sie aber eine Vielzahl von Verkehrsfällen regeln, wäre es auch denkbar, sie als Rechtsnormen einzustufen. Die **h. M.** qualifiziert aber die Verkehrsschilder, die Ge- oder Verbote enthalten, als benutzungsregelnde Allgemeinverfügungen; **b) Probleme** bei der Abgrenzung: Ergeben sich trotz den genannten Möglichkeiten Probleme bei der Abgrenzung, dann sollten **weitere Kriterien**, z. B. die **Geltungsdauer** der Regelung, beachtet werden. Wenn sie sich in einem **einmaligen** Ge- oder Verbot erschöpft, dann kann es sich nur um einen **VA** handeln. Wenn sie sich aber auf einen **längeren** Zeitraum erstreckt, dann greift die konditionale Fassung von Rechtsnormen („wenn..., dann ..."). In diesen Fällen kann auch eine Rechtsnorm vorliegen. Bsp.: Der Bürgermeister B der kleinen Gemeinde G ordnet an, dass alle im Gemeinde-Weinberggelände liegenden Rebstöcke zur Schädlingsbekämpfung gespritzt werden müssen. Liegt ein VA oder eine Rechtsnorm vor? Man erhält mit den erwähnten 4 Möglichkeiten einer Regelung keine eindeutige Lösung. Geht man von einer **einmaligen** Aktion aus, dann liegt ein **VA** vor, weil der Kreis der Weinbergbesitzer zumindest feststellbar ist. Wenn es sich um eine **längerfristige** Regelung handelt, dann ist von einer Rechtsnorm, nämlich einer **Satzung**, auszugehen.

Auf dem Gebiet des öffentlichen Rechts Es muss eine **öffentlich-rechtliche** Rechtsgrundlage oder eine **eindeutig** hoheitliche Handlungsform vorliegen => **Beachte:** Abgrenzung zum **Privatrecht**. Diese richtet sich nach folgenden Theorien: **1) Interessentheorie**: Nach ihr gehören zum öffentlichen Recht diejenigen Rechtsnormen, die **überwiegend** dem öffentlichen Interesse, dem **Allgemeininteresse** dienen. Dagegen sind die dem **Privatinteresse/Individualinteresse** dienenden Rechtsnormen dem **Privatrecht** zuzuordnen. Argument gegen die Theorie: Das Merkmal des öffentlichen Interesses ist sehr **unbestimmt**. Zahlreiche privatrechtliche Normen liegen im öffentlichen Interesse u. öffentliche Normen im Privatinteresse; **2) Subordinationstheorie**: Normen sind dann als öffentlich-rechtlich einzustufen, wenn zwischen den Beteiligten ein **Über-** u. **Unterordnungsverhältnis** besteht. Dagegen geht es im Privatrecht um ein Gleichordnungsverhältnis. Bsp.: Die Polizei beschlagnahmt das Auto des X. X hat sich der hoheitlichen Gewalt der Polizei unterzuordnen. Somit ist ein Über-/Unterordnungsverhältnis gegeben. Argument gegen die Theorie: Auch im öffentlichen Recht existieren Gleichordnungsverhältnisse, z. B. der öffentlich-rechtliche Vertrag (§§ 54 ff. VwVfG). Hier stehen sich zwei Parteien als gleichberechtigte Partner gegenüber; **3) Modifizierte Subjektstheorie (h. M.)**: Nach ihr liegt eine öffentlich-rechtliche Streitigkeit vor, wenn die für die **Hauptfrage** streitentscheidende Norm anerkannt **öffentlich-rechtlicher** Natur ist. Der Berechtigte oder Verpflichtete ist also ausschließlich ein Träger öffentlicher Gewalt! Bspe.: Normen der Polizeigesetze, des BauGB, der GewO

Unmittelbare Außenwirkung

Wenn die Rechtsfolgen **unmittelbar** gegenüber einer **außerhalb** der **Verwaltung** stehenden Person eintreten sollen => Der Inhalt der Regelung muss also über den **verwaltungsinternen** Bereich **hinausgehen**. **Beachte:** Folgende **Probleme** können auftauchen: **1) Innerdienstliche Weisungen**: Es liegt **keine** Außenwirkung vor, wenn die Maßnahme den Adressaten nur als **Amtswalter** (also als Glied der Verwaltungsorganisation, m. a. W. in amtlicher Hinsicht) berührt u. nicht in seiner **persönlichen** Stellung (also in persönlicher Hinsicht); **2) Mehrstufige VAe** (Mitwirkungsakte bzw. Zustimmung anderer Verwaltungsbehörden oder -träger): I. d. R. haben sie **keine** Außenwirkung. Bsp.: Einvernehmen der Gemeinde nach § 36 BauGB. **Ausnahme**: Es gibt einige Verwaltungsakte, die erst **nach** Erteilung der Zustimmung einer anderen Behörde bzw. eines anderen Verwaltungsträgers erlassen werden dürfen. Diese Zustimmung stellt dann einen **VA** dar, wenn sie dem Bürger gegenüber eine eigene u. unmittelbare Rechtswirkung entfaltet. Hiervon ist dann auszugehen, wenn der mitwirkungsberechtigten Behörde die **alleinige** oder **überwiegende** Entscheidungsbefugnis zugewiesen ist. Wenn die mitwirkungsberechtigte Behörde nur dieselben Gesichtspunkte wie die Entscheidungsbehörde prüft, dann liegt bei dem Mitwirkungsakt kein VA vor!

Verhältnismäßigkeitsgrundsatz

Siehe bei 1. Lektion

Verwaltungsprivatrecht

Die **öffentliche** Hand handelt **privatrechtlich** zur unmittelbaren Erfüllung öffentlicher Aufgaben => Bsp.: Personennahverkehr. **Beachte:** Handeln der Verwaltung nach Privatrecht auch bei sog. privatrechtlichen Hilfsgeschäften der Verwaltung (= **Fiskalverwaltung**). Eine Fiskalverwaltung liegt vor, wenn die öffentliche Verwaltung Geschäfte zur **Bedarfsbedeckung** tätigt, sich **erwerbswirtschaftlich** betätigt (= hier nimmt der Staat als Unternehmer am Wirtschaftsleben teil

122

u. zwar durch eigene unternehmerische Tätigkeit oder über Handelsgesellschaften) oder ihre **Vermögensgegenstände** verwaltet. Bspe.: Kauf von Büromaterial, Kauf von Grundstücken u. Gebäuden (=> erfolgt durch privatrechtliche Verträge, d. h. z. B. durch Kauf-, Miet-, Werkverträge)

Fiskalverwaltung

Siehe Def. Verwaltungsprivatrecht

Beliehene

Natürliche oder juristische Personen des **Privatrechts**, die kraft **gesetzlicher** Übertragung mit der hoheitlichen Wahrnehmung bestimmter Verwaltungsaufgaben **im eigenen Namen** betraut sind => Bsp.: Prüfer des TÜV, Lebensmittelsachverständige. **Beachte: a)** Die Beleihung muss **durch** oder **auf Grund** gesetzlicher Ermächtigung erfolgen; **b)** Der Beliehene ist Behörde i. S. d. § 1 IV VwVfG. Er tritt nach außen als **selbständiger** Hoheitsträger auf! Er kann also im Rahmen seines Kompetenzbereichs VAe erlassen, Gebühren erheben u. sonstige hoheitliche Maßnahmen treffen; **c)** Beliehene sind an die **Grundrechte** gebunden (h. M., str.); **d)** Abgrenzung zum **Verwaltungshelfer** (=> siehe Def.)

Verwaltungshelfer

Dieser **unterstützt** die Verwaltungsbehörde bei der Durchführung bestimmter Verwaltungsaufgaben => **Unterschied** zum Beliehenen: Der Verwaltungshelfer wird **nicht** selbständig tätig, sondern nimmt Hilfstätigkeiten **im Auftrag** u. **nach Weisung** der Behörde wahr. Sein Handeln ist der Behörde, für die er tätig wird, zuzuordnen!

4. Lektion: Baurecht

Bauplanungsrecht

Es geht darum, ob u. wie eine **Fläche** baulich genutzt werden darf, ob sich also das Bauvorhaben unter **städteplanerischen** Gesichtspunkten in die Umgebung einfügt => Das Bauplanungsrecht wird oft auch als Städtebaurecht oder Stadtplanungsrecht bezeichnet. Ferner regelt es die Verfahren zur **Bauleitplanung** (=> siehe Def.). Regelung des Bauplanungsrechts: BauGB, BauNVO

Bauleitplanung

Nach **§ 1 I BauGB** ist es Aufgabe der Bauleitplanung, die bauliche u. sonstige Nutzung der Grundstücke in der Gemeinde nach Maßgabe des BauGB **vorzubereiten** u. zu **leiten** => § 1 II BauGB sieht dafür Flächennutzungspläne u. Bebauungspläne vor (=> siehe jeweils Def.).

Flächennutzungsplan

§ 5 BauGB => Der Flächennutzungsplan wird im BauGB als vorbereitender Bauleitplan legaldefiniert (**§ 1 II BauGB**). **Beachte: a)** Flächennutzungsplan = **Erste** Stufe der Bauleitplanung; **b)** **Unterschied** zum Bebauungsplan: Der Flächennutzungsplan ist für den **Gesamtraum** der Gemeinde aufzustellen (§ 5 I BauGB), während der Bebauungsplan für **einzelne** Teilräume aus dem vorher vorhandenen Flächennutzungsplan entwickelt wird (§ 8 II 1 BauGB); **c) Rechtsnatur**: Weder VA noch Satzung, sondern: bloßer Plan gegenüber den Bürgern u. gegenüber der Gemeinde u. den Planungsträgern: verbindliche Festlegung von Planungsabsichten; **d)** **Rechtsschutz**: Gegen den Flächennutzungsplan gibt es für den Bürger **keine** Rechtsschutzmöglichkeit in der VwGO! Anfechtungsklage kommt nämlich mangels VA, Feststellungsklage kommt mangels unmittelbarer rechtlicher Außenwirkung u. Normenkontrolle kommt mangels Rechtssatz **nicht** in Betracht!

Bebauungsplan

§ 8 BauGB => Verbindlicher Bauleitplan (§ 1 II BauGB). Der Bebauungsplan muss aus dem Flächennutzungsplan entwickelt werden (§ 8 II 1 BauGB) = **zweite** Stufe der Bauleitplanung. **Beachte: a) Inhalt** des Bebauungsplans: **Detaillierte** rechtsverbindliche Festsetzungen für einzelne Baugebiete (§ 9 BauGB); **b) Rechtsnatur**: Satzung (§ 10 I BauGB); c) **Rechtsschutz** gegen Bebauungspläne: Normenkontrolle (§ 47 I Nr. 1 VwGO, siehe Lektion 7); **d)** Beachte Zusammenspiel von BauGB u. BauNVO. So kann die Gemeinde die in § 1 II BauNVO aufgezählten Baugebiete im Bebauungsplan festsetzen (§ 1 III 1 BauNVO); **e) Prüfung** eines Bebauungsplans: **A. Formelle Rechtmäßigkeit: 1) Zuständigkeit**: Die Zuständigkeit für die Aufstellung u. den Beschluss des Bebauungsplanes richtet sich nach den Vorschriften über die Verbands- u. die Organkompetenz. **Verbandskompetenz: § 2 I 1 BauGB** „Gemeinde"; **Organkompetenz**: Nach **§ 10 I** BauGB wird der Bebauungsplan als **Satzung** beschlossen. Dafür zuständig ist die von den Bürgern gewählte Gemeindevertretung (= Gemeinderat). Dies ergibt sich aus der jeweiligen Gemeindeordnung, z. B. § 41 I 2 f) GO NRW. **Beachte:** Ein **Verstoß** gegen die Zuständigkeitsvorschriften führt zur **Nichtigkeit** des Bebauungsplans; **2) Verfahren: aa) Aufstellungsbeschluss** (§ 2 I BauGB): Gemeinderat muss einen förmlichen Planaufstellungsbeschluss fassen u. diesen ortsüblich bekannt machen. **Beachte:** Ein **Verstoß** gegen diese Vor. ist für die Wirksamkeit des Bebauungsplans **unbeachtlich.** Das folgt aus § 214 I 1 Nr. 3 BauGB, dort ist der Planaufstellungsbeschluss nicht genannt!, **bb) Beteiligung** der Öffentlichkeit u. der Behörden (§§ 3, 4, 4a,b BauGB). **Beachte:** Fehlerhafte Beteiligung führt nur zur Unwirksamkeit des Bebauungsplans, wenn ein Verstoß gegen **§ 4 II BauGB** vorliegt (vgl. § 214 I 1 Nr. 2 BauGB). **Aber:** Fehlerhafter Bebauungsplan kann dann nach **§ 214 IV BauGB** geheilt werden. Beachte auch **§ 215 I Nr. 1 BauGB**: Liegen diese Vor. vor, dann wird der Fehler auch **unbeachtlich!** Ein **Verstoß** gegen §§ 3 I 1, 4 I, III BauGB ist **unbeachtlich** (vgl. § 214 I 1 Nr. 2 BauGB). Ein **Verstoß** gegen § 3 II BauGB ist dagegen **beachtlich** (vgl. § 214 I 1 Nr. 1 BauGB). **Aber:** „Heilung" durch **§ 214 IV BauGB** oder **§ 215 I Nr. 1 BauGB, cc) Ordnungsgemäßer Satzungsbeschluss** (§ 10 BauGB): Bebauungsplan muss ordnungsgemäß beschlossen sein (Anforderungen ergeben sich aus dem jeweiligen Gemeinderecht, vor allem aus der jeweiligen Gemeindeordnung): z. B. §§ 47 I, 48 II, 49 GO NRW. **Beachte:** RF eines **Verstoßes** bei der Beschlussfassung: Formelle **Rechtswidrigkeit** des Plans. Hier ist vor allem die **Befangenheit** eines Ratsmitglieds von Bedeutung (**BaWü**: § 18 GO; **Bay**: Art. 49 GO; **Brbg**: § 22 KVerf; **Brem**: Art. 84, 85 Verf; **Hess**: § 25 GO; **MV**: § 24 KV; **Nds**: § 41 NKomVG; **NRW**: § 31 GO; **RhPf**: § 22 GO; **Saarl**: § 27 KSVG; **Sachs**: § 20 GO; **S-A**: § 33 KVG; **SH**: § 22 GO; **Thür**: § 38 KO). **Beachte**: RF eines **Verstoßes**: Trotz Befangenheit eines Ratsmitgliedes ist der Beschluss **nicht** ungültig, wenn die Mitwirkung des betreffenden Mitgliedes auf das Ergebnis **keinen** Einfluss hatte (vgl. z. B. §§ 43, 31 VI GO NRW). Wenn das Abstimmungsergebnis durch die Befangenheit des Mitgliedes beeinflusst worden ist, dann ist **§ 214 IV BauGB** einschlägig. **Heilung** ist also möglich!, **dd) Begründung** des **Bebauungsplans** (§ 9 VIII BauGB). **Beachte**: RF eines **Verstoßes**: Fehlt die Begründung, greift § 214 I 1 Nr. 3 BauGB ein, d. h. der Plan ist **unwirksam**. **Aber**: Heilung nach § 214 IV BauGB oder Unbeachtlichkeit nach § 215 I Nr. 1 BauGB, **ee) Form**: Sie richtet sich nach den einzelnen Bestimmungen des Gemeinderechts (z. B. § 52 I GO NRW); **3) Ausfertigung** des Bebaungsplans. **Beachte**: Der Plan ist **nichtig**, wenn er nicht ordnungsgemäß ausgefertigt wurde. **Aber**: § 214 IV BauGB; **4) Bekanntmachung** des Plans (§ 10 III BauGB). **Beachte**: Ein **Verstoß** ist gem. § 214 I 1 Nr. 4 BauGB **beachtlich**, wenn der damit verfolgte Hinweiszweck nicht erreicht werden kann. **Aber**: **Heilung** gem. § 214 IV BauGB; **B.** **Materielle Rechtmäßigkeit**: **1)** **Planerforderlichkeit** (§ 1 III BauGB). **Beachte:** RF eines **Verstoßes: Nichtigkeit** des Bebauungsplans; **2) Entwicklung** des Bebauungsplans aus dem Flächennutzungsplan (§ 8 II BauGB). **Beachte:** RF eines **Verstoßes**: Der Verstoß kann gem. § 214 II BauGB **unbeachtlich** sein; **3) Verstoß** gegen Vorschriften der **BauNVO**: §§ 9, 9a Nr. 1 bis 3 BauGB i. V. m. der BauNVO (§§ 2 ff. BauNVO); **4)** **Fehlerfreie Abwägung**: § 1 VII BauGB (zur Abwägung siehe Def.). **Beachte:** RFn einer fehlerhaften Abwägung: Abwägungsfehler führen zur **Unwirksamkeit** des Bebauungsplans. **Aber**: § 214 I bis III BauGB. So ist nach § 214 III 2 HS 2 BauGB ein Verstoß gegen das Abwägungsgebot nur dann **beachtlich**, wenn er **offensichtlich** ist u. sich auf das Abwägungsergebnis **ausgewirkt** hat. **Offensichtlich** ist ein Mangel im Abwägungsvorgang dann, wenn er sich aus der aktenmäßigen Zusammenstellung u. Aufbereitung des Abwägungsmaterials ergibt u. nicht nur aus den Motiven u. Vorstellungen der an der Abstimmung beteiligten Gemeindevertreter. Ein Mangel im Abwägungsvorgang hat **Einfluss** auf das Ergebnis, wenn nach den Umständen des jeweiligen Falles die konkrete Möglichkeit besteht, dass ohne den Mangel im Planungsvorgang die Planung anders ausgefallen wäre. **Beachte** hierbei die Rügefrist**: § 215 I BauGB; 5) Verstöße** gegen höherrangiges Recht (z. B. Entschädigung bei Enteignung, Art. 14 GG). **Zusammenfassung:** Bei der Prüfung eines Bebauungsplans sind immer die **§§ 214 ff. BauGB** zu beachten. Denn hier können mögliche Verstöße oder Fehler **geheilt** werden!

Bauordnungsrecht

Dabei geht es um die **Gefahrenabwehr** im Rahmen der planungsrechtlich zulässigen Nutzung des Bodens => Das Bauordnungsrecht enthält also Vorschriften zur **Abwehr** von Gefahren u. zwar Gefahren, die von den noch zu bauenden Gebäuden ausgehen u. Gefahren, die beim Bauen selbst auftreten. Regelung des Bauordnungsrecht: LBO.

Abwägung (§ 1 VII BauGB)

Bei der Aufstellung der Bauleitpläne sind die öffentlichen u. privaten Belange (=> siehe jeweils Def.) gegeneinander u. untereinander gerecht **abzuwägen** => Es kann zu folgenden **Abwägungsfehlern** kommen: **aa)** Abwägungsausfall, **bb)** Abwägungsdefizit, **cc)** Abwägungsfehleinschätzung, **dd)** Abwägungsdisproportionalität (=> siehe jeweils Def.). **Bedeutung** von Abwägungsfehlern: **§§ 214 ff. BauGB. Grundsatz**: Fehler sind **unbeachtlich** (§ 214 I BauGB „...nur beachtlich, wenn..."). **Ausnahme**: Fehler sind beachtlich, sofern sie in § 214 I 1 Nr. 1, Nr. 2 HS 1, Nr. 3 BauGB aufgeführt sind. **1. Gegenausnahme**: Fehler sind **unbeachtlich**, wenn sie in § 214 I 1 Nr. 2 HS 2 BauGB aufgeführt sind; **2. Gegenausnahme**: Beachtliche Fehler können gem. § 215 I Nr. 1 BauGB **unbeachtlich** werden!

Privater Belang

Der Begriff des Belangs entspricht dem des **Interesses**. Zu den privaten Belangen zählen alle, im weiteren Sinne mit dem **Eigentum** verbundenen Interessen => Also alle Interessen, die dem Schutz des Art. 14 GG unterfallen.

Öffentlicher Belang

Der Begriff des öffentlichen Belangs umfasst alle Interessen, die für die **städtebauliche** Ordnung u. Entwicklung von Bedeutung sind => Sie ergeben sich insbes. aus **§ 1 V BauGB.**

Abwägungsausfall

Eine **sachgerechte** Abwägung hat gar nicht stattgefunden.

Abwägungsdefizit

In der Abwägung sind die Belange, die nach Lage der Dinge hätten eingestellt werden müssen, nicht **vollständig** eingestellt worden (= Unvollständigkeit der Erwägungen) => Berücksichtigung folgender Belange: **aa)** Belange der **§§ 1 V, 1a II BauGB, bb)** alle **öffentlichen** u. **privaten** Belange, die von der Bauleitplanung berührt werden, **cc) Ungeschriebene** Belange: Gebot der Lastenverteilung, der Rücksichtnahme u. der Konfliktbewältigung. Bsp.: Der Gemeinderat beschließt die Ausweisung eines Allgemeinen Wohngebiets in der Nachbarschaft einer Holzleimfabrik, ohne sich über die von dieser Fabrik ausgehenden Geruchsemissionen zu informieren.

Abwägungsfehleinschätzung

Die Bedeutung der betroffenen Belange ist **verkannt** worden => 1. Bsp.: Die Bedeutung des Umweltschutzes wurde verkannt (§§ 1 VI Nr. 7, 1a BauGB). 2. Bsp.: Der Gemeinderat geht zu Unrecht davon aus, dass bei einem Abstand von 100 m zwischen einem großen Kuhstall u. einer Wohnbebauung nicht mit Geruchsbelästigungen zu rechnen sei.

Abwägungsdisproportionalität

Die von der Planung berührten öffentlichen u. privaten Belange werden in einer Weise in ein Verhältnis zueinander gesetzt, die dem Gewicht einzelner Belange **nicht** entspricht => Bsp.: Der Bebauungsplan ist abwägungsfehlerhaft, wenn die verkehrstechnisch optimale Gestaltung eines Buswendeplatzes dazu führt, dass ein Landwirtschaftsbetrieb räumlich so eingeengt wird, dass seine Existenzfähigkeit gefährdet ist.

Bauliche Anlage (§ 29 BauGB)

Alle Anlagen, die **dauerhaft** mit dem Erdboden verbunden werden u. **bodenrechtlich** relevant sind bzw. die bodenrechtlichen Belange berühren („bodenrechtliche Relevanz"), also ein Bedürfnis nach Planung hervorrufen. Dies ist der Fall, wenn die Belange des **1 VI BauGB** so berührt werden, dass eine Regelung durch Bauleitplanung erfolgen müsste => **Merke**: Es wird also auf die bodenrechtliche bzw. städtebauliche Relevanz abgestellt. Bspe.: großflächige Werbetafeln, Grillstellen, Campingplätze. **Beachte:** Der Begriff der baulichen Anlage i. S. d. § 29 BauGB ist **nicht** identisch mit dem bauordnungsrechtlichen Begriff der baulichen Anlage i. S. d. § 2 I LBO. Die Legaldef. in § 2 I LBO betrifft nur das Bauordnungsrecht!

Qualifizierter Bebauungsplan	Legaldef. in **§ 30 I BauGB** => **Beachte:** § 31 BauGB u. § 36 BauGB
Vorhabenbezogener Bebauungsplan	**§ 30 II BauGB** => Darunter versteht man eine **Satzung**, die auf einem Vorhaben- u. Erschließungsplan u. einem Durchführungsvertrag zwischen Gemeinde u. Vorhabenträger beruht (§ 12 BauGB). **Beachte:** § 31 BauGB u. § 36 BauGB
Einfacher Bebauungsplan	Legaldef. in **§ 30 III BauGB** => **Beachte:** § 31 BauGB u. § 36 BauGB
Vorhaben im nicht qualifiziert beplanten Innenbereich	**§ 34 BauGB** => **Beachte:** Abgrenzung zum Außenbereich (§ 35 BauGB) ist wichtig, da die Anforderungen an die Zulässigkeit der § 34 u. § 35 BauGB sehr unterschiedlich sind. Bei der Abgrenzung kommt es darauf an, ob ein im Zusammenhang bebauter Ortsteil (=> siehe jeweils Def.) besteht (§ 34 I 1 BauGB).
Bauzusammenhang (§ 34 I BauGB)	Liegt vor, wenn die Bebauung trotz vorhandener Baulücken den Eindruck von **Geschlossenheit** u. **Zusammengehörigkeit** erweckt => **Merke:** Der Bebauungszusammenhang endet immer an der Gemeindegrenze (Ermittlung der örtlichen Umstände). **Beachte:** Die Abgrenzung zum Außenbereich kann auch durch Satzung vorgenommen werden, **§ 34 IV BauGB** (= Innenbereichssatzung).
Ortsteil (§ 34 I BauGB)	Jeder Bebauungskomplex im Gemeindegebiet, der nach der Zahl der vorhandenen Bauten ein gewisses zahlenmäßiges Gewicht u. im Gegensatz zur uner-

wünschten Splittersiedlung Ausdruck einer organischen **Siedlungsstruktur** ist => **Merke**: Es muss eine funktionsbedingte organische Siedlungsstruktur vorliegen.

Nähere Umgebung (§ 34 I BauGB)

Soweit die Ausführung des geplanten Vorhabens sich auf die Umgebung **auswirken** kann u. soweit die Umgebung ihrerseits den städtebaulichen Charakter des Baugrundstücks **beeinflusst** => Bsp.: Ein Wohnhaus wirkt sich auf eine weitere Umgebung nicht so aus wie eine Fabrik.

Eigenart (§ 34 I BauGB)

Darunter versteht man das, was auf die vorhandene Bebauung **prägend** wirkt u. damit den **Rahmen** vorgibt, in den das neue Vorhaben passen muss => **Beachte: a)** Eventuell entspricht die Umgebung einem oder mehreren der in der BauNVO bezeichneten Baugebiete (z. B. §§ 4, 5 BauNVO). Nach **§ 34 II BauBG** beurteilt sich die Zulässigkeit des Vorhabens nach seiner Art dann **allein** danach, ob es nach der BauNVO zulässig wäre; **b)** § 34 II BauGB ist immer **vor** § 34 I BauGB zu prüfen!

Einfügen (§ 34 I BauGB)

Vorhaben muss sich in jeglicher Hinsicht innerhalb des durch die Bebauung seiner Umgebung geprägten Rahmens **halten** u. die erforderliche **Rücksicht** auf die unmittelbare (nähere) Umgebung nehmen, auf die sich die Ausführung des Vorhabens auswirken kann.

Außenbereich (§ 35 BauGB)

Der Bereich, der **weder** qualifiziert beplant **noch** unbeplanter Innenbereich ist => Es muss sich

also um ein Gebiet handeln, das
weder § 30 noch § 34 BauGB un-
terliegt (Negativabgrenzung). **Be-
achte:** Es wird zwischen privile-
gierten (§ 35 I BauGB) u. son-
stigen, d. h. nicht-privilegierten
Vorhaben (§ 35 II BauGB)
unterschieden.

Öffentliche Belange (§ 35 I BauGB)

Sind in § 35 III Nr. 1 bis 8 BauGB
genannt => **Beachte:** Sie sind
nicht abschließend aufgeführt.
(„insbesondere", § 35 III BauGB)

5. Lektion: Kommunalrecht

Selbstverwaltung

Unterscheide: Selbstverwaltung
im **politischen Sinn** ist die Mit-
wirkung der Bürger an der Wahr-
nehmung öffentlicher Aufgaben.
Selbstverwaltung im **juristischen
Sinn** ist die eigenverantwortliche
Wahrnehmung öffentlicher Ver-
waltungsaufgaben durch selb-
ständige Verwaltungseinheiten
aufgrund gesetzlicher Ermächti-
gung bzw. Zuweisung unter
staatlicher Rechtsaufsicht.

Kommunale Selbstverwaltung

Die Selbstverwaltung der Ge-
meinden wird auf Bundesebene
durch **Art. 28 II 1, 3 GG** garan-
tiert (= **Selbstverwaltungsga-
rantie**) => Dadurch wird garan-
tiert, dass es die Gemeinden als
Institution **gibt** u. dass ihnen ein
bestimmter Aufgabenbereich
(einschließlich der finanziellen Ei-
genverantwortung) **gewährleis-
tet** wird. Ferner wird ihnen eine
subj. Rechtsstellung verliehen.
Beachte: a) Auf Landesebene
gilt zusätzlich die Gewährleistung
des Selbstverwaltungsrechts in z.
B. Art. 78 LV NRW oder Art. 71
LV BaWü; **b)** Art. 28 II GG bein-

haltet nur eine institutionelle Garantie (h. M.); **c) Verfassungsrechtsschutz** der Gemeinden: Kommunalverfassungsbeschwerde gem. **Art. 93 I Nr. 4b GG, § 91 BVerfGG; d)** Beschränkungen der Selbstverwaltung sind nur zulässig, wenn nicht der **Kernbereich** der Selbstverwaltungsgarantie tangiert wird. Dabei versteht man unter **Kernbereich** die Elemente, die die Eigenverantwortlichkeit der Gemeinde begründen. Zum Kernbereich der Selbstverwaltung gehören insbes.: **aa) Allzuständigkeit** (=> siehe Def.), **bb) Eigenverantwortliche Führung** der Geschäfte in diesem Bereich, **cc)** (Gemeinde-)**Hoheitsrechte** (=> siehe Def.)

Allzuständigkeit der Gemeinde

Universalität, Art. 28 II GG => Recht, alle Angelegenheiten der **örtlichen Gemeinschaft** (=> siehe Def.) zu regeln u. zu erledigen, die nicht durch Gesetz bereits anderen Stellen zugewiesen worden sind.

(Gemeinde-)Hoheitsrechte

Hierzu zählen die Gebiets-, die Organisations-, die Personal-, die Satzungs-, die Finanz-/Steuer- u. die Planungshoheit (=> siehe jeweils Def.).

Gebietshoheit

Ist die vom Staat abgeleitete Hoheitsgewalt, die **alle** Personen u. Gegenstände im Gemeindegebiet umfasst => Die Gemeinde ist im Rahmen ihrer örtlichen Aufgaben für alle Personen u. Sachen, die sich innerhalb des Gemeindeterritoriums befinden, **zuständig.**

Organisationshoheit	Recht, die **eigene** Verwaltung zu **organisieren** (= Gestaltung der Verwaltung) => **Beachte:** Der **Rahmen** hierfür wird durch den Landesgesetzgeber in der Gemeindeordnung durch die Vorschriften über die Gemeindeorgane u. -verwaltung abgesteckt.
Personalhoheit	Gemeinde hat das Recht auf **freie** Auswahl, Anstellung, Beförderung u. Entlassung ihrer Bediensteten im Rahmen der gesetzlichen Vorschriften.
Satzungshoheit	Gibt den Gemeinden das Recht, **eigene** Angelegenheiten durch **Satzung** zu regeln => z. B. § 7 GO NRW, § 4 GemO BaWü.
Finanz-/Steuerhoheit	Recht der Gemeinden auf **eigene** Haushaltsführung einschließlich Vermögensverwaltung => Eigenverantwortlichkeit bzgl. Einnahmen u. Ausgaben
Planungshoheit	Recht der Gemeinden, in **eigener** Verantwortung die städtebauliche Entwicklung durch **Bauleitpläne** zu ordnen => Stichwort: Bauleitplanung nach BauGB u. Schaffung von öffentlichen Einrichtungen (=> siehe Def.)
Gemeindliche Verbandskompetenz	**Art. 28 II GG** u. die jeweiligen Art. auf Landesebene (z. B. Art. 78 LV NRW) legen das Recht von Gemeinden fest, alle Angelegenheiten der örtlichen Gemeinschaft (=> siehe Def.) in **eigener** Verantwortung im Rahmen der Gesetze zu regeln.
Angelegenheiten der örtlichen Gemeinschaft (Art. 28 II GG)	Bedürfnisse u. Interessen, die in der örtlichen Gemeinschaft **wurzeln** oder auf sie einen spezifischen Bezug haben, die also den

Gemeindeeinwohnern gerade als solchen gemeinsam sind, indem sie das Zusammenleben u. Zusammenwohnen der Menschen in der Gemeinde betreffen.

Gebietskörperschaft

§ 1 GO => Körperschaft (=> siehe Def.) des öffentlichen Rechts, die mit Gebietshoheit ausgestattet ist u. deren Mitglieder Gebietsansässige sind.

Körperschaft

Juristische Person, die Mitglieder hat.

Auftragsverwaltung

Hier weist der **Staat** den Gemeinden Aufgaben zu u. behält sich das Recht vor, deren Erledigung auch im Einzelfall durch fachliche Anordnungen zu **steuern** => z. B. § 129 GO NRW, 129 GemO BaWü.

Bundesauftragsverwaltung

Art. 85 GG => Aufgaben, die den Gemeinden zur Erledigung im Auftrag des **Bundes** übertragen werden. Vgl. hierzu den durch die Föderalismusreform nunmehr eingeführten Satz 2 in Art. 85 I GG: Durch Bundesgesetz dürfen Gemeinden und Gemeindeverbände Aufgaben nicht übertragen werden.

Stadtkreis

Gemeinde, die **alle** Aufgaben der Gemeinde u. des Landkreises übernehmen => Gemeinde nimmt also für ihr Gebiet neben den Gemeindeaufgaben auch die des Landkreises wahr (d. h. also die der unteren staatlichen Verwaltungsbehörde sowie die Aufgaben, die dem Landkreis als Selbstverwaltungskörperschaft zugewiesen sind). **Beachte:** Die Stadtkreise sind **nicht** in einen Landkreis eingegliedert!

Große Kreisstadt

Gemeinde, die einen Teil der Aufgaben erfüllt, die ansonsten das Landratsamt als untere Verwaltungsbehörde wahrzunehmen hat => **Beachte:** Die Großen Kreisstädte **sind** einem Landkreis zugehörig!

Öffentliche Einrichtung

Z. B. § 10 GemO BaWü, § 8 GO NRW => Jede Einrichtung, d. h. alle benutzbaren Gegenstände, Organisationen oder Dienstleistungen, die von der Gemeinde im **öffentlichen Interesse** unterhalten u. durch einen gemeindlichen **Widmungsakt** der allgemeinen Benutzung durch Gemeindeangehörige u. ortsansässige Vereinigungen zugänglich gemacht wird. Bspe.: Schulen, Friedhöfe, Sportanlagen. **Öffentlich** wird eine Einrichtung durch Widmung aufgrund eines Gemeinderatsbeschlusses oder einer Satzung oder eines tatsächlichen Verhaltens mit dem Inhalt, dass die Einrichtung einem bestimmten öffentlichen Zweck dienen soll. **Beachte: Allgemeine Benutzung** heißt nicht, dass jeder Angehörige der Gemeinde zu jeder Zeit Zulassung zu der Einrichtung beanspruchen können muss. Die Widmung kann entspr. dem Zweck der Einrichtung auf bestimmte Personengruppen oder Zeiten beschränkt sein. Bsp.: Kinderspielplatz

Zwei-Stufen-Theorie

Ist beim gerichtlichen **Rechtsweg** relevant, wenn es z. B. um die Zulassung zur Nutzung einer öffentlichen Einrichtung geht. Die Frage ist, ob in diesem Fall der Verwaltungsrechtsweg (§ 40 I VwGO) eröffnet ist. Im vorliegenden Fall handelt es sich um eine

Verwaltungsentscheidung über das **„Ob"** der Gewährung (**1. Stufe**), d. h. der Verwaltungsrechtsweg ist eröffnet. Fraglich ist, wie das Benutzungsverhältnis, das **„Wie"** der Nutzung (**2. Stufe**) rechtlich ausgestaltet ist. So kann eine Gemeinde als Trägerin einer öffentlichen Anstalt sich zur Ausgestaltung der zwischen Anstalt u. Nutzer bestehenden Rechtsbeziehungen **öffentlich-rechtlicher** u. **privatrechtlicher** Handlungsformen bedienen, d. h. sie kann bestimmen, ob das Nutzungsverhältnis einer öffentlich-rechtlichen oder einer privatrechtlichen Regelung unterliegt (=> ggf. Ermittlung durch Auslegung). Dies ist für den Rechtsweg **entscheidend**: **öffentlich-rechtliche Benutzungsordnung**: Verwaltungsrechtsweg; **privatrechliche Nutzungsbedingung**: Zivilrechtsweg. **Merke**: Bei der **ersten** Stufe geht es also um die Zulassung (das „Ob") u. bei der **zweiten** Stufe geht es um das Benutzungsverhältnis (das „Wie"). Die erste Stufe ist **stets** öffentlichrechtlich. Das Wahlrecht bezieht sich nur auf das Benutzungsverhältnis!

Geschäfte der laufenden Verwaltung

Z. B. § 44 II GemO BaWü, § 41 III GO NRW => Angelegenheiten, die für die Gemeinde **weder** wirtschaftlich **noch** grundsätzlich von wesentlicher Bedeutung sind u. die mit einer gewissen **Häufigkeit** wiederkehren. Bspe.: Beschaffung des laufenden Bürobedarfs der Behörde; Erteilung einer Baugenehmigung für ein normales Einfamilienhaus; **nicht** aber: Erteilung einer Baugenehmigung für einen Supermarkt;

langfristige Verträge ohne ordentliche Kündigungsmöglichkeit

Kommunalverfassungsstreit

Gerichtliche Streitigkeit über Rechte u. Pflichten von Organen u./oder Organteilen **innerhalb** einer **Gemeinde** => Besonderheit: Es geht also um Streitigkeiten **innerhalb** eines Verwaltungsträgers (= Innenrechtsstreitigkeit). **Beteiligte** können sein: z. B. Bürgermeister, Gemeinderat, Fraktionen, Wählervereinigungen, Ortschaftsräte. **Prüfungsschema**: **A. Zulässigkeit**: **1)** Eröffnung des **Verwaltungsrechtswegs** (Art. 40 I VwGO): **aa)** Öffentlich-rechtliche Streitigkeit, **bb)** nichtverfassungsrechtlicher Art; **2) Statthaftigkeit** des Kommunalverfassungsstreits: **aa)** Das Kommunalverfassungsstreitverfahren ist **keine** Klage eigener Art (sui generis), da das Klagesystem in der VwGO abschließend geregelt ist (h. M.), **bb)** Auch eine Anfechtungs-/Verpflichtungsklage scheidet **aus**, weil die streitenden Organe u. Organteile in einem Gleichordnungsverhältnis u. nicht in einem für VAe typischen Über-/Unterordnungsverhältnis zueinander stehen. Gemeindeinterne Maßnahmen sind **keine** VAe i. S. v. § 35 VwVfG, **cc)** In Betracht kommt eine Feststellungsklage (§ 43 I VwGO) oder eine allgemeine Leistungsklage. **Beachte:** Ggf. kann auch eine Fortsetzungsfeststellungsklage gem. § 113 I 4 VwGO analog in Betracht kommen, sofern die streitige Organhandlung bereits abgeschlossen ist; **3) Klagebefugnis:** § 42 II **VwGO analog.** Kläger muss die Verletzung von Mitgliedschaftsrechten bzw. organschaftlich zugewiesener Kompetenzen geltend machen; **4) Beteiligtenfähigkeit (§ 61 VwGO)**: § 61 Nr. 1 VwGO ist **nicht** anwendbar, da Organe bzw. Organteile der Gemeinde keine natürlichen oder juristischen Personen, sondern Untergliederungen der juristischen Person „Gemeinde" sind. **§ 61 Nr. 2 VwGO** ist einschlägig, entweder direkt oder analog. **Analoge** Anwendung, wenn Einzelpersonen als Organe oder Organteile betroffen sind (z. B. Bürgermeister oder einzelnes Gemeinderatsmitglied); **5)** Bei der Feststellungsklage: Berechtigtes Interesse (**§ 43 I VwGO**); **6) Klagegegner**: Nicht die Gemeinde selbst ist richtiger Klagegegner, sondern das jeweilige Organ oder Organteil (h. M., str.); **7) Allgemeines Rechtsschutzbedürfnis**; **B. Begründetheit**: Prüfung der einschlägig befundenen Klageart (siehe 7. Lektion)

6. Lektion: Polizeirecht

Polizei im materiellen Sinn

Hier versteht man unter Polizei das **Handeln** des Staates, das dazu dient, Gefahren oder bereits eingetretene Störungen von der Allgemeinheit oder dem Einzelnen abzuwenden => Alle Behörden, die Aufgaben der Gefahrenabwehr wahrnehmen, sind Polizei im materiellen Sinn.

Polizei im formellen Sinn

Hier umschreibt der Begriff der Polizei **alle** Aufgaben, die die Polizei im institutionellen (organisatorischen) Sinne wahrnimmt => **Kurz**: Beschreibung der Aufgaben u. Zuständigkeiten der Polizeibehören

Polizei im institutionellen Sinn	Alle Stellen der **öffentlichen Verwaltung**, die der Institution Polizei zugerechnet werden: Polizeibehörden u. Polizeivollzugsdienst.
Polizeiverfügung	Sie ist ein **VA** der Polizei, durch den auf dem Gebiet der Gefahrenabwehr ein Gebot oder Verbot angeordnet wird => **Beachte:** Sowohl die Polizeibehörden als auch die -dienststellen können Polizeiverfügungen erlassen.
Öffentliche Sicherheit	Öffentliche Sicherheit ist die **Unverletzlichkeit** der obj. Rechtsordnung, der subj. Rechte u. Rechtsgüter des Einzelnen sowie der Einrichtungen u. Veranstaltungen des Staates oder sonstiger Träger der Hoheitsgewalt => Das polizeiliche Schutzgut der öffentlichen Sicherheit umfasst also: 1) den Schutz der **Individualgüter** (Bspe.: Gesundheit, Freiheit, Unversehrtheit von Leben, Ehre), 2) die Unverletzlichkeit des **Staates**, seiner Einrichtungen u. Veranstaltungen u. Schutz der **kollektiven** Rechtsgüter. Bspe.: Schutz von Gerichten, Museen, Theater, Dienstgebäuden, Kasernen, Staatsbesuchen, Paraden, 3) die Unverletzlichkeit der obj. **Rechtsordnung** (= Normen des Öffentlichen Rechts: Gesetze, Verordnungen u. Satzungen). Der Begriff der „öffentlichen Sicherheit" ist in den **Generalklauseln** enthalten: BaWü: §§ 1, 3 PolG; Bay: Art. 11 I PAG; Berl: § 17 I ASOG; Brbg: § 10 I PolG bzw. § 13 I OBG; Brem: § 10 I PolG; HH: § 3 I SOG; Hess: § 11 SOG; MV: § 13 SOG; Nds: § 11 SOG; NRW: § 8 I PolG bzw.

§ 14 I OBG; RhPf: § 9 I POG; Saarl: § 8 I PolG; Sachs: § 3 I PolG; SA: § 13 SOG; SH: § 174 LVwG; Thür: § 12 I PAG bzw. § 5 I OBG. **Beachte: Einschränkung** der polizeilichen Aufgaben: Sie werden durch den **Subsidiaritätsgrundsatz** begrenzt, falls ausschließlich privatrechtliche Rechte u. Rechtsgüter betroffen sind. Der Schutz privater Rechte obliegt in erster Linie den **ordentlichen** Gerichten u. den diesen zugehörigen Vollstreckungsorganen. Bspe.: Eigentumsverletzungen im Nachbarrechtsverhältnis; Zwangsräumung eines gekündigten Mieters

Öffentliche Ordnung

Darunter versteht man die Gesamtheit der **ungeschriebenen** Regeln für das Verhalten des einzelnen in der Öffentlichkeit, deren Beachtung nach - durch die grundrechtlichen Wertmaßstäbe geprägter - mehrheitlicher Anschauung unerläßliche Vor. eines geordneten staatsbürgerlichen u. menschlichen Zusammenlebens ist => **Merke:** 2 Elemente enthält der Begriff: **a)** Es wird ein nach **außen** in Erscheinung tretendes **Verhalten** vorausgesetzt, d. h. die zu beurteilende Handlung muss **öffentlich** geschehen, **b)** Es muss eine anerkannte **Sozialnorm** betroffen sein, d. h. es muss also eine soziale/ethische Wertvorstellung der Bevölkerungsmehrheit betroffen sein. Es geht hier um **Wertvorstellungen** der Allgemeinheit über Sitte u. Moral. **Beachte: a)** Welche Wertvorstellungen herrschen, kann sich mit dem Wandel der Zeit **verändern.** Bsp.: Früher wurde das „Oben-ohne-Baden" als unsittlich u. damit als Widerspruch zur öffentlichen Ordnung bewertet. Dies ist heute nicht mehr der Fall; **b)** Der Rechtsbegriff der öffentlichen Ordnung stellt auf **ungeschriebene** Wertvorstellungen ab. Geschriebene Regeln fallen bereits unter den Begriff der obj. Rechtsordnung u. damit unter die öffentliche Sicherheit; **c)** Das Schutzgut öffentliche Ordnung ist gegenüber dem Schutzgut öffentliche Sicherheit **subsidiär**. Es ist **erst** dann zu prüfen, wenn keine Gefahr für die öffentliche Sicherheit vorliegt!; **d)** Der Begriff der öffentlichen Ordnung ist in den meisten Generalklauseln enthalten (=> siehe Def. öffentliche Sicherheit).

Gefahr

Die Generalklauseln (=> siehe Def. öffentliche Sicherheit) fordern eine im Einzelfall bestehende **Gefahr** für die öffentliche Sicherheit oder Ordnung. Eine **Gefahr** liegt vor, wenn eine Sachlage oder ein Verhalten bei ungehindertem Ablauf des obj. zu erwartenden Geschehens mit hinreichender Wahrscheinlichkeit ein polizeilich geschütztes Rechtsgut **schädigen** wird => **Kurz:** Gefahr ist eine Sachlage, die in absehbarer Zeit mit **hinreichender** Wahrscheinlichkeit zu einem Schaden für die öffentliche Sicherheit u. Ordnung führen würde. Der Grad der Wahrscheinlichkeit hängt von den **konkreten** Umständen ab (Kriterien wären z. B. die Größe des Schadens oder der Wert des bedrohten Rechtsguts). **Merke:** Je **größer** der zu erwartende Schaden u. je ranghöher das betroffene Schutzgut sind, desto **gering-**

ere Anforderungen sind an die Wahrscheinlichkeit des Schadenseintritts u. an seine zeitliche Nähc zu stellen. **Beachte: a)** Bloße Belästigungen, Nachteile oder Unbequemlichkeiten überschreiten i. d. R. nicht die polizeiliche Gefahrenschwelle; **b)** Wenn die Gefahr bereits verwirklicht ist, spricht man von einer **Störung**. Die Beseitigung dieser Störung gehört auch zur Gefahrenabwehr, wenn von der eingetretenen Sachlage eine in die Zukunft wirkende Gefährdung ausgeht!; **c)** Folgende **Gefahrenbegriffe** sind zu kennen: **aa) Konkrete Gefahr, bb) Abstrakte Gefahr, cc) Gefahr im Verzug, dd) Gemeine Gefahr, ee) Erhebliche Gefahr, ff) Dringende Gefahr, gg) Latente Gefahr, hh) Anscheinsgefahr, ii) Scheingefahr, jj) Gefahrenverdacht** (=> siehe jeweils Def.)

Konkrete Gefahr

Eine konkrete Gefahr ist die in einem **einzelnen** Falle bestehende Gefahr => Sie ist Vor. für eine Einzelfallmaßnahme nach der Generalklausel (=> siehe Def. öffentliche Sicherheit). M. a. W.: Eine Polizeiverfügung (VA) setzt eine **konkrete** Gefahr voraus. **Beachte:** Die **Unterscheidung** zwischen konkreter u. abstrakter Gefahr ist für die Rechtmäßigkeit von Maßnahmen sehr **wichtig**!

Abstrakte Gefahr

Darunter versteht man einen **gedachten**, abstrakten Sachverhalt, bei dem generell mit **hinreichender** Wahrscheinlichkeit mit einem Schaden für die öffentliche Sicherheit oder Ordnung **gerechnet** werden muss => Die abstrakte Gefahr ist Vor. für den Erlass von Rechtsverordnungen. **Beachte:** Die **Unterscheidung** zwischen konkreter u. abstrakter Gefahr ist für die Rechtmäßigkeit von Maßnahmen sehr **wichtig**!

Gefahr im Verzug

Ist gegeben, wenn zur Verhinderung eines drohenden Schadens **sofort** eingeschritten werden muss, weil ein Abwarten bis zum Eingreifen der an sich zuständigen Behörde den Erfolg der notwendigen Maßnahmen erschweren bzw. vereiteln würde => Bsp.: Obwohl die Durchsuchung einer Wohnung durch den Richter angeordnet werden muss, darf die Polizei die Wohnungsdurchsuchung bei Gefahr im Verzug auch **ohne** richterliche Anordnung durchführen.

Gemeine Gefahr

Liegt vor, wenn ein Schaden für eine **unbestimmte** Vielzahl von Personen oder **erhebliche** Sachwerte droht => Bspe.: Brände, Überschwemmungen, Seuchen. **Beachte:** Maßgebend ist die **Gefährdung** einer Vielzahl von Personen bzw. Sachgüter u. **nicht** die Schwere der Gefahr!

Erhebliche Gefahr

Liegt vor, wenn eine Gefahr für ein **bedeutsames** Rechtsgut gegeben ist => Bspe.: Gefahr für Leben, Gesundheit, Freiheit

Dringende Gefahr

Bei dieser Gefahr können sich Schäden für besonders **wichtige** Rechtsgüter oder im besonders großen Ausmaß ergeben.

Latente Gefahr

Liegt vor, wenn sich eine zunächst ungefährliche Lage durch das **Hinzutreten** weiterer externer Umstände zu einer **aktuellen** Bedrohung polizeilicher Schutz-

güter wandelt => Bsp.: Schweine-
mästerei wird wegen der von ihr
ausgehenden Gerüche, Ratten u.
Fliegen für die über Jahre an sie
heranrückende Wohnbebauung
zur Gefahr.

Anscheinsgefahr

Ist gegeben, wenn **Tatsachen**
vorliegen, die bei verständiger
Würdigung den Schluss auf eine
mögliche Gefahr zulassen => Es
besteht also **obj. keine** Gefahr,
aber **subj.** hat z. B. die Polizei
Gewissheit, dass eine Gefahr
besteht. Bsp.: Vom Tonband
kommen Hilferufe eines Kindes,
wobei das Tonband nicht zu er-
kennen ist. Aufgrund der Hilfe-
schreie bricht die Polizei die
Wohnungstüre auf. **Beachte: a)**
Ex-ante-Sicht der Gefahrenbe-
urteilung; **b)** Es kommt auf die
Einschätzung eines gewissen-
haften, besonnenen u. sachkun-
digen Amtswalters an; **c) Zuläs-**
sige Maßnahmen: Es sind Maß-
nahmen zur Gefahrenabwehr zu-
lässig.

Scheingefahr / Putativgefahr

Hier liegt eine Sachlage vor, die
obj. betrachtet **keine** Gefahr für
die öffentliche Sicherheit oder
Ordnung darstellt, dennoch geht
die Polizei aufgrund einer **fehler-**
haften Einschätzung der Sachla-
ge von dem Vorliegen einer Ge-
fahr aus => Stichwort: Die Gefahr
besteht nur zum **Schein**. **Beach-**
te: a) Unterschied zur Anscheins-
gefahr: Hier meint **irrig** der Be-
amte bei der Einschätzung der
Lage, dass eine Gefahr besteht,
ohne dass dafür hinreichende
Anhaltspunkte vorliegen (=
pflichtwidrige Einschätzung
des handelnden Beamten). Bsp.:
Polizist merkt nicht, dass die Hil-

ferufe des Kindes ganz offensichtlich von einem Tonband kommen. Er bricht die Wohnungstür auf. Er handelt damit **rechtswidrig!**; **b)** Bei der Beurteilung der Pflichtwidrigkeit ist der Maßstab eines **obj. Beobachters** zugrunde zu legen; **c) Zulässige Maßnahmen**: Keine Gefahrenabwehrmaßnahmen sind zulässig.

Gefahrenverdacht

Hier ist sich die Polizei **nicht sicher**, ob tatsächlich eine Gefahr vorliegt oder nicht. Es gibt nur **hinreichende** tatsächliche Anhaltspunkte, die bei verständiger Würdigung den Schluss auf eine **mögliche** Gefahr zulassen, allerdings ist es nicht ohne weitere Ermittlungen erkennbar, ob auch wirklich eine Gefahr vorliegt => Bsp.: Bei einer Kontrolle eines Rinderzüchters entdeckt die Behörde, dass ein kontrolliertes Rind mit verbotenen Hormonen behandelt wurde. Daher besteht der Verdacht, dass der gesamte Rinderbestand behandelt wurde. Die Behörde darf ihn daher vorläufig beschlagnahmen. **Beachte: a)** Behörde ist darauf beschränkt, Maßnahmen zur Sachverhaltsaufklärung (= **Gefahrerforschungseingriffe**) durchzuführen. **Zulässig** sind also nur vorläufige Maßnahmen, die zur Verifizierung des Verdachts beitragen; **b) Umstritten** ist, welche **inhaltlichen** Anforderungen an einen Gefahrerforschungseingriff zu stellen sind, damit dieser noch von der polizei- oder ordnungsrechtlichen Generalklausel gedeckt ist: **M.M.:** Der **Verantwortliche** kann selbst zur Durchführung von Aufklärungsmaßnahmen verpflichtet werden; **h. M.**: Gefahrerforschungseingriffe sind wegen des Untersuchungsgrundsatzes (§ 24 VwVfG) von der **Verwaltung** durchzuführen. Der Verantwortliche hat nur eine **Duldungspflicht**. In der Auferlegung dieser Duldungspflicht liegt der Gefahrerforschungseingriff; **c) Umstritten** ist auch, ob die Behörde bei einem Gefahrenverdacht auf der Grundlage der Generalklausel berechtigt ist, **Gefahrenabwehrmaßnahmen** zu ergreifen: **1. Meinung**: ein Gefahrenverdacht rechtfertigt **nie** das Ergreifen von Gefahrenabwehrmaßnahmen, **2. Meinung**: Gefahrenverdacht ist **immer** als Gefahr i. S. d. Generalklauseln einzustufen, **3. Meinung**: Es kommt auf die **Bedeutung** des gefährdeten Rechtsgutes an. So werden endgültige Maßnahmen im Falle eines Gefahrenverdachts zumindest dann als gerechtfertigt angesehen, wenn besonders schützenswerte Rechtsgüter betroffen sind.

Handlungs- bzw. Verhaltensstörer

BaWü: § 6 PolG; Bay: Art. 7 PAG, Art. 9 I BayLStVG; Berl: § 13 ASOG; Brbg: § 5 PolG, § 16 OBG; Brem: § 5 PolG; HH: § 8 SOG; Hess: § 6 SOG; MV: § 69 SOG; Nds: § 6 SOG; NRW: § 4 PolG, § 17 OBG; RhPf: § 4 POG; Saarl: § 4 PolG; Sachs: § 4 PolG; SA: § 7 SOG; SH: § 218 LVwG; Thür: § 7 PAG, § 10 OBG => Hier hat eine Person einen Gefahrenzustand durch ihr **eigenes** Verhalten verursacht. Das Verhalten kann in einem **positiven Tun** (Handlung) u. in einem **Unterlassen** bestehen. **Beachte: a)** Ein **Unterlassen** ist aber nur dann relevant, wenn eine **öffentlich-**

rechtliche Pflicht zum Handeln besteht (**h. M.**); **b)** Welche **Anforderungen** sind an das Verursachen eines Gefahrenzustandes zu stellen? **1. M. M.**: Theorie der rechtswidrigen Verursachung: **Störer** ist, wer die ihm von der Rechtsordnung gesetzten Schranken überschreitet, d. h. **rechtswidrig** handelt; **2. H. M.**: Theorie der unmittelbaren Verursachung: **Störer** ist, wer die Gefahr **unmittelbar** verursacht, d. h. wer die Gefahrengrenze überschreitet. **Mittelbare** Verursachung begründet grundsätzlich **keine** Polizeipflicht. **Ausnahme**: Eine Person kann aber auch bei einer mittelbaren Verursachung herangezogen werden, wenn sie ein **Zweckveranlasser** (=> siehe Def.) oder ein **latenter Störer** (=> siehe Def.) ist.

Zweckveranlasser

Eine Person ist als Zweckveranlasser u. damit als Handlungsstörer anzusehen, wenn sie eine **Gefährdung** oder **Störung** der öffentlichen Sicherheit herbeiführt, indem sie den Erfolg, d. h. die Störung, **subj. bezweckt** oder wenn diese sich als **Folge** ihres Verhaltens zwangsläufig einstellt. Der Zweckveranlasser verursacht die Gefahr **nicht** unmittelbar, sondern die Gefahr wird durch ein Handeln **Dritter** herbeigeführt, das auf deren eigenständigem Willensentschluss beruht => **Beachte: a)** Die Rechtsfigur des Zweckveranlassers ist **umstritten**; **b)** Wenn also das Verhalten des unmittelbaren Verursachers vom mittelbaren Veranlasser obj. bezweckt oder (billigend) in Kauf genommen wird, dann ist der mittelbare Veranlasser (= Zweck-veranlasser) **mitverantwortlich!** Bsp.: Boutique-Inhaber X veranstaltet zu der Eröffnung eine Modenschau in den Schaufenstern. Es kommt zu einem Menschenauflauf, was dazu führt, dass etliche Passanten auf die Straße gedrängt werden u. der Straßenverkehr behindert wird.

Latenter Störer

Darunter versteht man ein Verhalten einer Person, das **zunächst** die Gefahrenschwelle nicht überschritten hat u. erst durch **Hinzutreten** weiterer Umstände die öffentliche Sicherheit gefährdet => Bsp.: Die Umgebung einer im Außenbereich genehmigungsfrei betriebenen Schweinemästerei wird zunehmend mit Wohnhäusern bebaut. Der Betreiber der Mästerei ist latenter Störer bezogen auf die Geruchsbelästigung bei späterer Umgebungsbebauung.

Zustandsstörer

BaWü: § 7 PolG; Bay: Art. 8 PAG; Berl: § 14 ASOG; Brbg: § 6 PolG, § 17 OBG; Brem: § 6 PolG; Hess: § 7 SOG; HH: § 9 I SOG; MV: § 70 SOG; Nds: § 7 SOG; NRW: § 5 PolG, § 18 OBG; RhPf: § 5 POG; Saarl: § 8 SOG; Sachs: § 5 PolG; SA: § 8 SOG; SH: § 219 LVwG; Thür: § 8 PAG, § 11 OBG => Zur Begründung der Zustandsverantwortlichkeit gibt es **2** Anknüpfungspunkte: **1)** Das **Eigentum** an einer Sache u. **2)** die **tatsächliche Sachherrschaft** darüber. **Beachte: a)** Z. B. nennt § 5 II 1 PolG NRW darüber hinaus als zustandsverantwortliches Rechtssubjekt auch noch einen **anderen Beteiligten; b)** Maßnahmen sind in **erster Linie** gegen den Inhaber der tatsächlichen **Sachherrschaft** zu richten u. in **zweiter Linie** auch gegen den **Eigentümer** oder einen anderen Berechtigten; **c)** Inhaber der **tatsächlichen Gewalt** ist, wer die tatsächliche Sachherrschaft ausübt, ob recht- oder unrechtmäßig! Bspe.: Pächter, Mieter, Dieb. Maßgeblicher **Zeitpunkt** für die Polizei- u. Ordnungspflicht: Zeitpunkt des **behördlichen Einschreitens**; **d)** Bei der Frage nach dem **Eigentümer** wird an den zivilrechtlichen Eigentumsbegriff angeknüpft (§§ 903 ff. BGB). Die **Sachherrschaft** des Eigentümers begründet u. begrenzt die Zustandshaftung. Die Verantwortlichkeit für das Eigentum gilt für natürliche u. juristische Personen gleichermaßen!; **e) Ende der Zustandshaftung**: **1.** Für den **Eigentümer**: Durch Veräußerung oder Dereliktion (§§ 928, 959 BGB, Aufgabe des Eigentums). Die Zustandsverantwortlichkeit geht also mit der Veräußerung auf den Erwerber über! **Aber**: Eine Dereliktion führt **nicht** zur Beendigung der Zustandshaftung (Vgl. BaWü: § 7 PolG; Bay: Art. 8 III PAG; Berl: § 14 IV ASOG; Brbg: § 6 III PolG, § 17 III OBG; Brem: § 6 III PolG; Hess: § 7 III SOG; HH: § 9 I 2 SOG; MV: § 70 III SOG; Nds: § 7 III SOG; NRW: § 5 III PolG, § 18 III OBG; RhPf: § 5 III POG; Saarl: § 5 III PolG; SA: § 8 III SOG; SH: § 219 III LVwG; Thür: § 8 III PAG, § 11 III OBG); **2.** Für den **Inhaber** der **tatsächlichen Gewalt**: Haftung endet durch **Beendigung** der tatsächlichen Sachherrschaft.

Nichtstörer

BaWü: § 9 PolG; Bay: Art. 10
PAG, Art. 9 III LStVG; Berl: § 16
ASOG; Brbg: § 7 PolG, § 18
OBG; Brem: § 7 PolG, HH: § 10
SOG; Hess: § 9 SOG; MV: § 71
SOG; Nds: § 8 SOG; NRW: § 6
PolG, § 19 OBG; RhPf: § 7 POG;
Saarl: § 6 PolG; Sachs: § 7 PolG;
SA: § 10 SOG; SH: § 220 LVwG;
Thür: § 10 PAG, § 13 OBG =>
Hier können unter bestimmten
Vor. zur Sicherstellung einer ef-
fektiven Gefahrenabwehr **andere**
Personen als die Verantwort-
lichen (= Nichtstörer) polizei- u.
ordnungsrechtlich in Anspruch
genommen werden. Es handelt
sich um Situationen, in denen die
Gefahrenabwehrbehörde **weder**
einen Störer zur Gefahrbeseiti-
gung verpflichten kann **noch**
selbst dazu imstande ist, die Ge-
fahr zu beseitigen bzw. durch Be-
auftragte beseitigen zu lassen.
Bspe.: Der Störer ist nicht auf-
find- oder feststellbar; die zustän-
dige Behörde verfügt nicht über
die zur Gefahrbeseitigung erfor-
derlichen technischen Mittel. **Be-
achte:** Ein Nichtstörer kann nur
unter **strengen** Vor. als ein
Störer in Anspruch genommen
werden, da er ja für die Gefahr
nicht verantwortlich ist. Die
meisten Gesetze verlangen für
die Inanspruchnahme, dass **1)**
der Betroffene weder Verhaltens-
noch Zustandsstörer ist, **2)** eine
gegenwärtige erhebliche Gefahr
vorliegt, **3)** die Heranziehung des
Störers aussichtslos ist, **4)** die
Gefahrenabwehrbehörde selbst
oder deren Beauftragte die Ge-
fahr nicht effektiv abwehren kön-
nen u. **4)** die Opfergrenze zugun-
sten des Betroffenen gewahrt
bleibt. **Folgen** einer Inanspruch-

nahme als Nichtstörer: Es ergeben sich **Entschädigungsansprüche** (z. B. § 39 I a) OBG NRW ggf. i. V. m. § 67 PolG NRW sowie **Folgenbeseitigungsansprüche** (d. h. Wiederherstellung des vor dem Eingriff bestehenden Zustands). Dieser Anspruch ist zwar gesetzlich nicht geregelt, aber von der Rspr. u. Lit. anerkannt

Anscheins-/Verdachtsstörer

Geht der handelnde Beamte **davon aus**, jemand habe durch sein Handeln oder Unterlassen eine Gefahr verursacht, dann ist der Verursacher Anscheinsstörer. Gleiches gilt für den Verdachtsstörer! => **Beachte:** Wer aber eine Anscheinsgefahr **pflichtwidrig** hervorruft, der ist dem echten Störer gleichgestellt

7. Lektion: Verwaltungsprozessrecht

Klagearten

Die **richtige** (= statthafte) Klageart ist abhängig vom **Ziel**, das der Kläger mit seiner Klage verfolgt: **1) Aufhebung** eines **belastenden** VAs: **Anfechtungsklage** gem. § 42 I Var. 1 VwGO (=> siehe Def.); Bei Erledigung **nach** Klageerhebung u. **vor** Urteilsverkündung: **Fortsetzungsfeststellungsklage** (FFK gem. § 113 I 4 VwGO (=> siehe Def.); Bei Erledigung **vor** Klageerhebung: „**Erweiterte**" FFK gem. § 113 I 4 VwGO analog (=> siehe Def. FFK); **2) Erlass** eines **begünstigenden** VAs: **Verpflichtungsklage** gem. § 42 I Var. 2 VwGO (=> siehe Def.); Bei Erledigung **nach** Klageerhebung u. **vor** Urteilsverkündigung: **FFK** gem. § 113 I 4 VwGO analog (=> siehe

Def. FFK); Bei Erledigung **vor** Klageerhebung: „**Erweiterte**" FFK gem. § 113 I 4 VwGO (doppelt) analog (=> siehe Def. FFK); **3) Vornahme** bzw. **Unterlassung** eines Handelns der Verwaltung, das **nicht** VA ist: **Allgemeine Leistungs-** bzw. **Unterlassungsklage** (=> siehe Def.). **Beachte:** Die allgemeine Leistungs-/Unterlassungsklage ist in der VwGO nicht ausdrücklich aufgeführt, allerdings wird ihre Existenz an einigen Stellen vorausgesetzt (vgl. §§ 43 II, 111 VwGO); Bei Erledigung: Feststellungsklage (h. M.); **4) Feststellung** des Bestehens oder Nichtbestehens eines **Rechtsverhältnisses: Feststellungsklage** gem. § 43 I Var. 1 VwGO (=> siehe Def.); **5) Feststellung** der **Nichtigkeit** von VAen: **Feststellungsklage** gem. § 43 I Var. 2 VwGO (=> siehe Def.); **6) Feststellung** der **Ungültigkeit** von **Rechtsnormen** (z. B. Satzungen, Rechtsverordnungen): **Normenkontrollverfahren** gem. § 47 I VwGO (=> siehe Def.). **Beachte:** Zusammengefasst lässt sich damit Folgendes festhalten: Liegt ein **Leistungsbegehren** des Klägers vor, dann ist die **Verpflichtungs**klage oder die **allgemeine Leistungsklage** einschlägig. Liegt ein **Abwehrbegehren** des Klägers vor, dann ist die **Anfechtungs**klage oder die **allgemeine Leistungs-/Unterlassungsklage** einschlägig. Liegt ein **Feststellungsbegehren** des Klägers vor, dann sind die **allgemeine Feststellungsklage** oder die **FFK** einschlägig!

Anfechtungsklage

§ 42 I Var. 1 VwGO => **Prüfungsschema: A. Zulässigkeit: 1)** Eröffnung des **Verwaltungsrechtswegs** (§ 40 I 1 VwGO, siehe Def.); **2)** Zuständigkeit des **VGs** (§§ 45, 52 VwGO, siehe Def.); **3) Statthaftigkeit** der Anfechtungsklage (§ 42 I Var. 1 VwGO, siehe Def.); **4) Klagebefugnis** (§ 42 II VwGO, siehe Def.); **5) Vorverfahren** (§ 68 ff. VwGO, siehe Def.); **6) Klagefrist** (§ 74 I VwGO, siehe Def.); **7) Klagegegner** (§ 78 VwGO, siehe Def.). **Beachte: a)** In einigen Bundesländern wird diese Frage gleich zu Beginn der Begründetheit unter dem Stichwort „Passivlegitimation" geprüft!; **b)** Nach § 79 I Nr. 1 VwGO ist Gegenstand der Anfechtungsklage der **ursprüngliche** VA in der Gestalt, die er durch den Widerspruchsbescheid erhalten hat. Damit ist die Klage gegen den Rechtsträger der **Ausgangs**behörde zu richten; **c)** Bei **isolierter** Anfechtung des Widerspruchsbescheids ist die Klage gegen den Rechtsträger der **Widerspruchs**behörde zu richten (§ 78 II VwGO); **8) Beteiligungs-** u. **Prozessfähigkeit** (§§ 61, 62 VwGO). **Beachte:** § 61 Nr. 1 VwGO: juristische Personen des Privatrechts **u.** des öffentlichen Rechts!; **9)** Ordnungsgemäße **Klageerhebung** (§§ 81, 82 VwGO); **10)** Allgemeines **Rechtsschutzbedürfnis** (siehe Def.); **B. Begründetheit:** Die Klage ist begründet, wenn der VA rechtswidrig **und** der Kläger dadurch in seinen Rechten verletzt ist (**§ 113 I 1 VwGO**). **I. Rechtsgrundlage** für den Erlass eines VA: Es muss die Rechtsgrundlage genannt werden, auf die sich die Behörde gestützt hat. Ist diese schon nicht zu finden, so ist der VA wegen des Grundsatzes des Vorbehalts des Gesetzes (Art. 20 III GG) rechtswidrig. **Beachte: Spezielle** Rechtsgrundlagen gehen den allgemeinen **vor!** Bspe.: § 13 VersG, § 15 I VersG, § 35 I GewO; **II. Formelle Rechtmäßigkeit** des VA: **aa)** Zuständige Behörde: Sachliche/örtliche Zuständigkeit, **bb)** Ordnungsgemäßes Verfahren: Anhörung (§ 28 VwVfG), Mitwirkung weiterer Behörden (Bsp. § 36 BauGB), **cc)** Formvorschriften: § 37 II VwVfG, § 39 VwVfG. **Beachte:** Form-/Verfahrens**fehler** sind ggf. **heilbar** (§ 45 VwVfG) bzw. **unbeachtlich** (§ 46 VwVfG); **III. Materielle Rechtmäßigkeit** des VA: **aa)** Verstoß der Ermächtigungsgrundlage gegen **höherrangiges** Recht (z. B. Vereinbarkeit mit der Verfassung, insbes. mit den Grundrechten), **bb)** Sind die Vor. der Ermächtigungsgrundlage im **konkreten** Fall gegeben?, **cc)** Ist das Entschließungs- u. Auswahlermessen (=> siehe Def. 3. Lektion) **richtig** ausgeübt worden? D. h. liegen Ermessensfehler vor (§ 40 VwVfG, § 114 VwGO)?, **dd)** Ist die **Verhältnismäßigkeit** der Maßnahme gegeben? (= Übermaßverbot), **ee)** Ist der Bestimmtheitsgrundsatz erfüllt (§ 37 I VwVfG)?; **IV. Rechtsverletzung** beim Kläger: Verletzung des Klägers in **eigenen** Rechten durch den rechtswidrigen VA. **Merke:** Bei der Klagebefugnis wurde dies genannt, d. h. einfach dort nachsehen!

Verwaltungsrechtsweg (§ 40 I 1 VwGO)

Der Verwaltungsrechtsweg muss eröffnet sein. Hierbei ist jedoch zunächst zu beachten, ob nicht eine **Spezial**zuweisung an das VG vorliegt. **Aufdrängende** Spezialzuweisungen gehen nämlich der Generalklausel des § 40 I VwGO **vor**! Bspe.: § 54 I Beamt-StG, § 54 BAföG, § 32 WPflG, § 72b TierseuchenG. Diese §§ erklären ausdrücklich, dass der Verwaltungsrechtsweg gegeben ist, weitere Ausführungen zum Verwaltungsrechtsweg sind also **nicht** notwendig! **Prüfungs-schema** „Eröffnung des Verwaltungsrechtswegs": **1)** Aufdrängende Spezialzuweisung; **2)** Generalklausel des § 40 I 1 VwGO: **aa)** Öffentlich-rechtliche Streitigkeit. Hier ist nach der wahren Natur des streitigen Rechtsverhältnisses zu fragen. Bei der Bestimmung der wahren Natur des Rechtsverhältnisses ist grundsätzlich auf die Norm abzustellen, die die **Hauptfrage** der Streitigkeit entscheidet. Die streitentscheidenden Normen müssen also dem **öffentlichen** Recht zuzuordnen sein. **Beachte:** Hier erfolgt die **Abgrenzung** zwischen öffentlich-rechtlicher u. privatrechtlicher Streitigkeit! **Kriterien** der Abgrenzung zum Privatrecht: siehe **3** Theorien bei Def. „Auf dem Gebiet des öffentlichen Rechts" (Lektion 3). **Beachte: a)** Nur bei **Zweifeln** sind die verschiedenen Theorien anzuwenden!; **b)** Klausurtypische Fälle: **1. „Hausverbot".** Ist Hausverbot öffentlich-rechtlich oder privatrechtlich zu qualifizieren? Da Theorien zu keinem eindeutigen Ergebnis gelangen, müssen folgende **Hilfskriterien** beachtet werden: **1)** Die **Rspr.** qualifiziert das Hausverbot entsprechend dem **Zweck** des **Besuches**. Das Hausverbot ist akzessorischer Bestandteil der Haupttätigkeit des Besuchers! Wenn also das Hausverbot aus der Sicht des Bürgers diesen daran hindert, zum Zweck der Erledigung **eigener** Verwaltungstätigkeiten ein Dienstgebäude zu betreten, dann ist es eine Maßnahme auf dem Gebiet des öffentlichen Rechts. Bsp.: Wenn einem Studenten ein Hausverbot in einem Universitätsgebäude erteilt wird, dann ist dieses Hausverbot öffentlich-rechtlich, wenn der Student das Gebäude betreten hat, um eine Vorlesung zu besuchen. Betritt der Student aber das Gebäude nur, um sich aufzuwärmen, dann handelt es sich um ein privatrechtliches Hausverbot; **2)** In der **Lit.** wird auf den **Zweck** des **Hausverbotes** abgestellt. Das Hausverbot ist als öffentlich-rechtlich zu qualifzieren, wenn es der **Sicherung** der **Funktionsfähigkeit** der Verwaltung dient. Bsp.: Student wird ein Hausverbot erteilt, weil er in den Vorlesungen immer demonstriert u. dadurch die Vorlesung stört. Es handelt sich hier um ein öffentlich-rechtliches Hausverbot; **2.** Klausurfall „**Zugang** zu einer **öffentlichen Einrichtung**", deren Nutzungsverhältnis privatrechtlich geregelt ist: Siehe Def. Zwei-Stufen-Theorie (5. Lektion); **bb)** Streitigkeit **nichtverfassungsrechtlicher** Art (=> siehe Def.); **cc)** Keine spezialgesetzlich **abdrängende** Zuweisung: Ausdrückliche abdrängende Sonderzuweisungen ergeben sich aus zahlreichen Vorschriften, die ein **anderes** Gericht für zuständig erklären. Bspe.: § 839 BGB i. V. m. Art. 34 GG (Landgericht, § 71 GVG), § 217 BauGB (Baulandsachen), § 2 ArbGG (Arbeitsgericht), § 51 SGG (Sozialgericht)

Streitigkeit nichtverfassungsrechtlicher Art (§ 40 I 1 VwGO)

Verfassungsrechtlicher Art ist eine Streitigkeit nur dann, wenn **2** Vor. gegeben sind: **1)** Es muss sich auf **beiden** Seiten um eine Streitigkeit zwischen Verfassungsorganen oder am Verfassungsleben Beteiligten handeln, **2)** weiterhin müssen Rechte oder Pflichten den Streitgegenstand darstellen, die unmittelbar in der Verfassung geregelt sind. **Fehlt** auch nur **eine** der beiden Vor., dann ist die Streitigkeit **nicht**verfassungsrechtlicher Art => **Beachte:** Relevant ist folglich der **Inhalt** u. der Status der Beteiligten der Streitigkeit (= **doppelte** Verfassungsunmittelbarkeit). **Merke:** Sind an dem Verfahren **keine** Verfassungsorgane beteiligt, dann ist die Streitigkeit nichtverfassungsrechtlicher Art!

Zuständigkeit des VG (§§ 45, 52 VwGO)

Sachliche Zuständigkeit: § 45 VwGO. **Grundsatz:** VG. OVG bzw. VGH: Fälle der §§ 47, 48 VwGO. BVerwG: Fälle des § 50 VwGO. **Örtliche** Zuständigkeit: § 52 VwGO

Statthaftigkeit der Anfechtungsklage (§ 42 I Var. 1 VwGO)

Die statthafte Klageart richtet sich gem. § 88 VwGO nach dem **Klagebegehren.** Eine Anfechtungsklage ist gem. § 42 I Var. 1 VwGO statthaft, wenn das Klageziel die **Aufhebung** eines **nicht** erledigten **belastenden** VA (§ 35 VwVfG => siehe Def. VA) ist. **Beachte: a)** Eine **Erledigung** eines

VA liegt vor, wenn der VA keine Rechtswirkungen mehr auslöst oder aus anderen Gründen an regelnder Wirkung verloren hat, so dass eine Rückgängigmachung überflüssig erscheint; **b) Klagegegenstand** kann sein **1)** gem. § 79 I Nr. 1 VwGO der VA in der Gestalt, den er durch den Widerspruchsbescheid gefunden hat (Grundsatz) oder **2)** gem. § 79 I Nr. 2, II VwGO der Widerspruchsbescheid **selber** (Ausnahme); **c)** Hauptfall des § 79 II 1 VwGO ist die **reformatio in peius** (=> siehe Def.); **d)** Es ist **unerheblich**, ob der VA an den Kläger oder an einen **Dritten** adressiert ist!

Reformatio in peius (r. i. p.)

Verböserung => Innerhalb eines Rechtsbehelfsverfahrens wird die angefochtene Verwaltungsentscheidung zum **Nachteil** des Rechtsbehelfsführers reformiert (= **verändert**). Hier erfolgt also eine Änderung des ursprünglichen VAs **zuungunsten** des Belasteten! Nach **h. M.** ist eine r. i. p. im Widerspruchsverfahren **zulässig** (Bspe. für Argumente: § 79 II belegt Möglichkeit der r. i. p.; Widerspruchsverfahren dient der obj. Rechtskontrolle, § 68 I 1 VwGO). **Beachte: a)** Für die r. i. p. bedarf es aber einer **Rechtsgrundlage**! Wenn keine speziellen Rechtsvorschriften eingreifen (Bsp.: § 17 BimSchG), gelten hierfür die Grundsätze über die Rücknahme u. den Widerruf von VAen (§§ 48, 49 VwVfG); **b)** Prüfungsschema der r. i. p. siehe Anfechtungsklage. **Beachte** aber Unterschiede bei **aa)** statthafter Klageart: Hier ist die r. i. p. zu nennen, **bb)** Widerspruchsverfahren: Gem. § 68 I Nr. 2 VwGO analog ist ein Widerspruchsverfahren entbehrlich, **cc)** Klagefrist: richtet sich nach § 74 I 2 VwGO, **dd)** Begründetheit: Klage ist begründet, wenn der VA rechtswidrig ist u. den Kläger dadurch in seinen Rechten verletzt (§ 113 I 1 i. V. m. § 79 I Nr. 1 bzw. § 79 II 1 VwGO), **I.** Formelle Rechtmäßigkeit (Zuständigkeit der handelnden Behörde, § 73 I VwGO; Anhörung, § 71 VwGO), **II.** Materielle Rechtmäßigkeit: **a)** Zulässigkeit der r. i. p. (siehe Argumente h. M.), **b)** Rechtsgrundlage der r. i. p.

Klagebefugnis (§ 42 II VwGO)

Der Kläger ist klagebefugt, wenn er substantiiert Tatsachen behauptet, die es **möglich** erscheinen lassen, dass er in einem subj. Recht verletzt ist (**Möglichkeitstheorie**) => **Adressatentheorie**: Ist der Kläger Adressat eines belastenden VA, dann ist nie auszuschließen, dass er in seinem Grundrecht aus Art. 2 I GG verletzt ist. **Beachte: a)** Nur in den Fällen, in denen der Kläger **nicht** Adressat eines für ihn belastenden VA ist, muss auf die Möglichkeitstheorie eingegangen werden!; **b)** Ein **Dritter** möchte gegen den VA vorgehen. **Drittschutz**: Vor. ist dann, dass die verletzte Norm dem Schutz nicht allein öffentlicher, sondern zumindest auch **individueller** Interessen dient u. im **konkreten** Fall gerade den Kläger in seiner Situation schützen soll (= **Schutznormtheorie**). Bsp.: Nachbarklage im Baurecht. Hier ist zu prüfen, ob der Nachbar durch die Erteilung der Baugenehmigung in seinem subj.

Recht möglicherweise verletzt ist. Vor. hierfür ist, dass die einschlägigen Vorschriften des Baurechts drittschützende Wirkung besitzen

Vorverfahren (§§ 68-73 VwGO)

Die Anfechtungsklage kann vor dem VG grundsätzlich erst erhoben werden, nachdem ein Vorverfahren stattgefunden hat (§ 68 I 1 VwGO) => **Beachte: aa) Entbehrlichkeit** des Vorverfahrens: **1)** Gesetzlicher Ausschluss: § 68 I 2 Var. 1 VwGO. Bsp.: § 74 I 2 i. V. m. § 70 VwVfG sowie § 110 JustG **NW**, Art. 15 AG VwGO **Bay**, § 16a AG VwGO **Hess**, § 80 JustizG **Nds** ; **2)** § 68 I 2 Var. 2 Nr. 1 VwGO. Ausnahme: „wenn ein Gesetz die Nachprüfung vorschreibt" (§ 68 I 2 Var. 2 Nr. 1 HS 2 VwGO). Bsp.: § 54 II BeamtStG; **3)** § 68 I 2 Var. 2 Nr. 2 VwGO; **b)** Form u. Fristerfordernis des Widerspruchs: **§ 70 VwGO. Einmonatige** Widerspruchsfrist läuft nur bei Bekanntgabe (§ 41 VwVfG) u. mit ordnungsgemäßer Rechtsbehelfsbelehrung (§ 70 II i. V. m. § 58 I VwGO); **Jahresfrist:** §§ 70 II i. V. m. § 58 II VwGO. Hier ist Vor., dass keine oder eine fehlerhafte Rechtsbehelfsbelehrung bei Zustellung, Eröffnung oder Verkündung (= Formen der Bekanntgabe!) stattgefunden hat. **Fristberechnung: 1. A.** (verwaltungsverfahrensrechtliche Lösung): §§ 79, 31 I VwVfG i. V. m. §§ 187 ff. BGB, **2. A.** (verwaltungsprozessuale Lösung): §§ 57 II VwGO, 222 ZPO i. V. m. §§ 187 ff. BGB. Streitentscheid **entbehrlich**, da bei beiden der Verweis auf die §§ 187 ff. BGB gegeben ist. **Beachte: a)** Wenn der Widerspruch **nicht** fristgerecht eingereicht wird, dann ist die Klage **grundsätzlich** nach § 68 I VwGO mangels ordnungsgemäßem Widerspruchsverfahren als unzulässig abzuweisen. Ein **Problem** ergibt sich aber, wenn eine Widerspruchsbehörde über einen Widerspruch noch entscheidet, obwohl dieser Rechtsbehelf **verfristet** eingelegt wurde, der VA also eigentlich bereits bestandskräftig war (Heilung der Verfristung durch Sachentscheidung?). **1. A.**: Diese A. **lehnt** die Befugnis der Widerspruchsbehörde **ab**, über einen verfristet eingelegten Widerspruch in der Sache zu entscheiden. Die behördliche Sachentscheidung trotz verfristeter Erhebung des Widerspruchs ist **unzulässig**, denn mit der Zustellung des Widerspruchsbescheids wird erneut die Klagemöglichkeit eröffnet, obwohl diese eigentlich ausgeschlossen ist. Durch die Verfristung des Widerspruchs ist der VA bestandskräftig geworden; **2. A. (Rspr.)**: Der Behörde **steht** kraft Verfügungsgewalt grundsätzlich die Befugnis **zu**, die Angelegenheit noch einmal sachlich zu überprüfen u. entsprechend zu bescheiden. Da die Widerspruchsbehörde „Herrin" des Widerspruchsverfahrens ist, hat sie auch die Sachurteilskompetenz nicht verloren. Die Fristvorschriften schützen nicht den Widerspruchsführer, sondern den Rechtsträger der Widerspruchsbehörde. Darauf kann **verzichtet** werden. **Ausnahme**: Wenn allerdings Rechte **Dritter** betroffen sind, dann muss die **Nichteinhaltung** der Widerspruchsfrist zur **Abweisung** der Klage führen. Bsp.: Nachbar N klagt gegen eine dem Bauherren erteilte Baugenehmigung. Hier muss die Verwaltung einen verfristeten Widerspruch abweisen. Argumente: **1)** Rechtssicherheit für den Dritten; **2)** Der Begünstigte hat aufgrund der nach Fristablauf eingetretenen Bestandskraft eine geschützte Rechtsposition. Ein unanfechtbarer VA ist nur rücknehmbar!; **bb) Wiedereinsetzung** in den vorigen Stand: Bei **schuldloser** Fristversäumnis kann unter den Vor. der §§ 70 II i. V. m. 60 I-IV VwGO Wiedereinsetzung gewährt werden. **Beachte**, dass hier **§ 32 VwVfG** für die Widerspruchsfrist **unanwendbar** ist!

Klagefrist (§ 74 I VwGO)

Die Klage ist innerhalb **eines** Monats nach ordnungsgemäßer Zustellung des Widerspruchsbescheides zu erheben (§ 74 I 1 VwGO). Bei **Entbehrlichkeit** des Vorverfahrens: Klage ist innerhalb eines Monats nach **Bekanntgabe** des VA zu erheben (§ 74 I 2 VwGO, § 41 VwVfG) => **Klageerhebung**: § 81 VwGO. **Beachte: a)** Die Zustellung des Widerspruchsbescheides richtet sich gem. § 73 III 2, 56 II VwGO nach dem Bundes**VwZG**. Hier ist vor allem die Drei-Tages-Fiktion bei Zustellungen mit eingeschriebenem Brief klausurrelevant (**§ 4 I VwZG); b) Fristberechnung** gem. § 57 II VwGO, § 222 I ZPO, §§ 187 ff. BGB. Es handelt sich um eine Ereignisfrist, d. h. der Tag der Zustellung zählt nicht mit (§ 187 I BGB); **c) Fehlt** die Rechtsbehelfsbelehrung, dann gilt die **Jahresfrist** (§ 74 I i. V. m. §§ 57, 58 II VwGO.

Allgemeines Rechtsschutzbedürfnis

Es **fehlt** in folgenden Fällen: **1)** Wenn das Klageziel auf **andere** Art u. Weise bei gleicher Effektivität schneller, besser oder billiger erreicht werden kann, **2)** wenn die Rechtsstellung des Klägers gar **nicht** verbessert wird, weil ein Nachteil nicht besteht oder ein bestehender Nachteil nicht behebbar ist (= nutzloser Rechtsschutz, **3)** wenn der Kläger missbilligte Ziele verfolgt = Schikaneverbot (Bsp.: Klage dient ausschließlich dazu, das Gericht zu belästigen oder den Gegner zu schädigen), **4)** wenn die Klage verfrüht ist.

Verpflichtungsklage

§ 42 I Var. 2 VwGO => **Prüfungsschema: A. Zulässigkeit: 1)** Eröffnung des Verwaltungsrechtswegs (§ 40 I 1 VwGO, siehe Def.); **2)** Zuständigkeit des **VGs** (§§ 45, 52 VwGO, siehe Def.); **3) Statthaftigkeit** der Verpflichtungklage (§ 42 I Var. 2 VwGO, siehe Def.); **4) Klagebefugnis** (§ 42 II VwGO, siehe Def.): Liegt vor, wenn der Kläger **möglicherweise** durch die Ablehnung bzw. durch das Unterlassen des VA in seinen Rechten verletzt ist (= Möglichkeitstheorie). Es besteht also die **Möglichkeit**, dass er einen Anspruch auf den begehrten VA hat. **Beachte:** Drittschutz siehe Klagebefugnis bei der Anfechtungsklage; **5) Vorverfahren** (§ 68 ff. VwGO): Bei der Versagungsgegenklage ist die Durchführung eines Vorverfahrens gem. § 68 II VwGO **erforderlich** (=> siehe Def. Vorverfahren). **Beachte:** Für die **Untätigkeitsklage** gelten die Vor. des § 75 VwGO; **6) Klagefrist** (§ 74 VwGO): Für die Versagungsgegenklage gilt die Frist des § 74 I VwGO (=> siehe Def. Klagefrist). Dagegen kann die Untätigkeitsklage grundsätzlich unbefristet erhoben werden! **Beachte** § 75 S. 2 VwGO; **7) Klagegegner** (§ 78 VwGO, siehe Def. Klagegegner u. Def. Anfechtungsklage); **8) Beteiligungs-** u. **Prozessfähigkeit** (§§ 61, 62 VwGO). **Beachte:** § 61 Nr. 1 VwGO: juristische Personen des Privatrechts u. des öffentlichen Rechts!; **9)** Ordnungsgemäße **Klageerhebung** (§§ 81, 82 VwGO); **10)** Allgemeines **Rechtsschutzbedürfnis: Entfällt**, wenn der Kläger zuvor bei der Behörde noch nicht einmal einen Antrag auf Erlass des begehrten VA gestellt hat; **B. Begründetheit:** 2 Formen: **1)** Die Klage ist begründet, wenn die Ablehnung oder Unterlassung des VAs rechtswidrig, der Kläger dadurch in seinen Rechten verletzt u. die Sache spruchreif ist (**§ 113 V 1 VwGO = Vornahmeklage**, siehe Punkt II.); **2)** Die Klage ist begründet, wenn die Ablehnung oder Unterlassung des VAs rechtswidrig, der Kläger dadurch in seinen Rechten verletzt ist u. einen Anspruch auf nochmalige Bescheidung hat (**§ 113 V 2 VwGO = Bescheidungsklage**, siehe Punkt II.). **I. Anspruchsgrundlage:** Es muss die Rechtsgrundlage genannt werden, aus der sich ein Anspruch des Klägers ergeben könnte. Bspe.: § 75 BauO NRW (Genehmigung von Bauvorhaben); § 70 GewO; §§ 2 ff. GastG, §§ 30 ff. GewO; **II. Spruchreife:** Man unterscheidet zwischen der **Vornahme-** u. der **Bescheidungsklage.** Um eine

Vornahmeklage handelt es sich dann, wenn die Sache spruchreif ist. Das ist dann der Fall, wenn das Gericht die Verwaltung zum Erlass des VA **verpflichten** kann. An der Spruchreife **fehlt** es dann, wenn der Verwaltung hinsichtlich des Erlasses des VA ein **Ermessens- u. Beurteilungsspielraum** zusteht oder der Anspruch auf Vornahme des VA von weiteren, durch die Verwaltung zu treffenden Vorentscheidungen abhängig ist (= **Bescheidungsklage**). Hier verweist dann das Gericht die Sache an die Verwaltung zurück, mit der Verpflichtung, erneut -unter Beachtung der gerichtlichen Rechtsauffassung- über die Sache zu entscheiden (= Bescheidungsurteil); **III. Formelle Vor.** für den Erlass des VA: **aa)** Zuständige Behörde: Sachliche / örtliche Zuständigkeit, **bb)** Ordnungsgemäßes Verfahren: Anhörung (§ 28 VwVfG, str., ob § 28 I VwVfG nur bei belastenden VAen einschlägig ist oder ob § 28 I VwVfG auch dann erforderlich ist, wenn der Antrag auf Erlass eines begünstigenden VA abgelehnt werden soll, Rspr.: Anhörung nicht erforderlich, Lit.: Anhörung erforderlich), **cc)** Formvorschriften: § 37 II VwVfG, § 39 VwVfG; **IV. Materielle Vor.** des begünstigenden VAs: **aa) Gebundene Entscheidung:** Liegt vor, wenn die Anspruchsgrundlage die Verwaltung bei Vorliegen der Tatbestandsvor. zum Erlass des VA **verplichtet** (Gegensatz: Ermessensentscheidung). **Schema** bei **gebundener** Entscheidung: **1)** Ist die Anspruchsgrundlage verfassungsgemäß?, **2)** Sind die Tatbestandsvor. der Anspruchsgrundlage erfüllt? Sind diese erfüllt, besteht ein Anspruch des Klägers auf Erlass des begehrten VAs; **bb) Ermessensentscheidung**: Hier liegt die Entscheidung, ob der begehrte VA bei Vorliegen der Tatbestandsvor. erlassen wird oder nicht im **Ermessen** der Behörde. **Schema**: **1)** Ist die Anspruchsgrundlage verfassungsgemäß?, **2)** Sind die Tatbestandsvor. der Anspruchsgrundlage erfüllt?, **3)** Ermessensfehler / Liegt eine Ermessensreduzierung auf Null vor, denn nur dann besteht ein Anspruch auf Erlass des begehrten VA! Liegt ein solcher Fall der Ermessensreduzierung auf Null nicht vor, dann kommt mangels Spruchreife nur eine Verpflichtungsklage in Form der Bescheidungsklage in Betracht; **V. Rechtsverletzung** beim Kläger: Verletzung des Klägers in **eigenen** Rechten. **Merke**: Bei der Klagebefugnis wurde dies genannt!

Statthaftigkeit der Verpflichtungsklage (§ 42 I Var. 2 VwGO)

Hier ist zwischen der **Versagungsgegenklage** (§ 42 I 2. HS Var. 1 VwGO) u. der **Untätigkeitsklage** (§ 42 I 2. HS Var. 2, § 75 VwGO) zu unterscheiden. **Versagungsgegenklage**: Falls die Verurteilung zum Erlass eines **abgelehnten** VA begehrt wird. **Untätigkeitsklage**: Falls die Verurteilung zum Erlass eines **unterlassenen** VA begehrt wird.

Allgemeine Leistungs-/Unterlassungsklage

Sie ist in der VwGO gesetzlich **nicht** besonders geregelt, wird aber in zahlreichen Vorschriften als selbstverständlich bestehend vorausgesetzt. Bspe.: §§ 43 II, 111, 113 IV VwGO. Sie ist einschlägig, wenn eine Leistung gefordert wird, die **keinen** VA darstellt! Es geht also um ein schlichtes Verwaltungshandeln (**Realakt**) => **Prüfungsschema**: **A. Zulässigkeit: 1)** Eröffnung des **Verwaltungsrechtswegs** (§ 40 I 1 VwGO, siehe Def.). **Beachte: a)** Hier muss das fragliche Verhalten in einem **engen** Funktions- u. Sachzusammenhang mit der Wahrnehmung hoheitlicher Aufgaben stehen; **b)** § 40 II 1 VwGO; **2)** Zuständigkeit des **VGs** (§§ 45, 52 VwGO, siehe Def.); **3) Statthaftigkeit** der allgemeinen Leistungsklage: Unterscheide **Leistungsvornahmeklage** von **Unterlassungsklage**. Leistungsvornahmeklage liegt vor, wenn der Kläger die Vornahme eines begünstigenden schlichten Verwaltungshandeln begehrt. Unterlassungsklage liegt vor, wenn der Kläger eine zukünftige Handlung durch die Verwaltung abwehren möchte; **4) Klagebefugnis** (§ 42 II VwGO analog, str., h. M.): Kläger muss geltend machen, in seinen Rechten verletzt zu sein. Dies ist dann möglich, wenn der Anspruch auf das begehrte Verwaltungshandeln nicht von vornherein ausgeschlossen ist; **5) Vorverfahren** u. **Frist**: Ein Vorverfahren ist nicht erforderlich. Ausnahme: § 54 II BeamtStG (auch für Leistungs- und Feststellungsklagen gelten die „Vorschriften des 8. Abschnitts der Verwaltungsgerichtsordnung"). Eine Klagefrist gibt es nicht!; **6) Klagegegner** (§ 78 VwGO, siehe Def.): Klage ist gegen den Verwaltungsträger zu richten, der nach materiellem Recht zum Handeln oder Unterlassen verpflichtet ist; **7) Beteiligungs-**

u. **Prozessfähigkeit** (§§ 61, 62 VwGO, siehe Def. Anfechtungsklage); **8)** Ordnungsgemäße **Klageerhebung** (§§ 81, 82 VwGO); **9)** Allgemeines **Rechtsschutzbedürfnis**: **1)** Fehlt, wenn der Kläger bereits einen Vollstreckungstitel hat bzw. ihn auf einfachere Weise erlangen kann; **2)** Rechtsschutzbedürfnis für **vorbeugende** Unterlassungsklagen: Hier muss es dem Kläger **unzumutbar** sein, die drohende Rechtsverletzung abzuwarten. Unzumutbarkeit liegt vor, wenn der Kläger durch das Abwarten irreparable Schäden oder eine Rechtsvereitelung erleiden würde; **B. Begründetheit**: Die Klage ist begründet, wenn der Kläger einen **Anspruch** auf das begehrte Verwaltungshandeln hat; **I. Anspruchsgrundlage**: Als Anspruchsgrundlage kommen Rechtsnormen, VAe, öffentlich-rechtliche Verträge oder Zusicherungen, öffentlich-rechtlicher Abwehr- u. Unterlassungsanspruch, der Folgenbeseitigungsanspruch in Betracht; **II. Vor.** der Anspruchsgrundlage. **Beachte:** Bei Vertragsansprüchen sind weiter die formelle (u. a. §§ 57, 58 VwVfG) u. materielle (u. a. § 59 VwVfG) Rechtmäßigkeit des Vertrages zu prüfen

Allgemeine Feststellungsklage (FK)

§ 43 I VwGO => **Prüfungsschema: A. Zulässigkeit: 1)** Eröffnung des **Verwaltungsrechtswegs** (§ 40 I 1 VwGO, siehe Def.); **2)** Zuständigkeit des **VGs** (§§ 45, 52 VwGO, siehe Def.); **3) Statthaftigkeit** der FK (§ 43 I VwGO): **a)** § 43 I Var. 1 VwGO: Feststellung des **Bestehens** (= **positive** FK) oder **Nichtbesteh-**

ens (= **negative** FK) eines Rechtsverhältnisses (=> siehe Def.). **Beachte: aa)** Rechtsnormen selbst können **nicht** Gegenstand einer FK sein (str.), jedoch die aus ihnen folgenden Rechte u. Pflichten; **bb)** Nur **gegenwärtige** Rechtsverhältnisse sind feststellungsfähig. Ein **zukünftiges** Rechtsverhältnis liegt vor, wenn ein subj. Recht derzeit noch nicht besteht, sondern vom Eintritt weiterer Umstände abhängt. Zeigen aber **vergangene** Rechtsverhältnisse noch in der Gegenwart Wirkungen, dann können sie auch Gegenstand einer FK sein; **cc)** Eine **vorbeugende** FK ist nur zulässig, wenn innerhalb eines bereits bestehenden Rechtsverhältnisses **nachteilige** Veränderungen drohen, **b)** § 43 I Var. 2 VwGO: Feststellung der **Nichtigkeit** eines VA (= Nichtigkeitsfeststellungsklage). **Beachte** hier § **44 VwVfG; 4) Subsidiarität** der FK (§ 43 II VwGO): FK nur statthafte Klageart, wenn nicht andere Klagearten vorab einschlägig sind. **Ausnahme:** § 43 II 2 VwGO!; **5) Klagebefugnis:** Nach § 42 II VwGO analog (h. M.) ist die Möglichkeit der Verletzung eines subj. Rechts erforderlich; **6) Feststellungsinteresse:** In Betracht kommt jedes berechtigte Interesse rechtlicher Art (**Wiederholungsgefahr**), wirtschaftlicher Art (Vorbereitung eines **Amtshaftungsprozesses**) oder ideeller Art (**Rehabilitationsinteresse**) an der baldigen Feststellung. **Beachte:** Feststellungsinteresse muss gegenüber dem **Beklagten** bestehen!; **7) Vorverfahren** u. **Klagefrist:** Vorverfahren ist nicht erfroderlich. Ausnahme: § 54 II BeamtStG. Klagefristen sind nicht vorgesehen!; **8) Klagegegner: a)** Bei der **positiven** FK: Richtiger Beklagter ist derjenige, der im Fall des Vorliegens des Rechtsverhältnisses aus diesem verpflichtet ist; **b)** Bei der **negativen** FK: Richtiger Beklagter ist derjenige, der im Fall des Vorliegens des Rechtsverhältnisses aus diesem berechtigt ist; **c)** Bei der **Nichtigkeitsfeststellungsklage**: Richtiger Beklagter ist der Rechtsträger der Behörde, die den VA erlassen hat (§ 78 I Nr. 1 VwGO analog); **9) Beteiligungs-** u. **Prozessfähigkeit** (§§ 61, 62 VwGO); **10)** Ordnungsgemäße **Klageerhebung** (§§ 81, 82 VwGO); **11)** Allgemeines **Rechtsschutzbedürfnis: a)** Dieses wird im Fall der **Verwirkung** verneint, d. h. wenn der Kläger so spät die Klage erhebt, dass der Beklagte nicht mehr damit zu rechnen brauchte; **b)** Bei der Nichtigkeitsfeststellungsklage muss der Kläger zunächst einen Antrag auf Feststellung der Nichtigkeit gem. § 44 V VwVfG gestellt haben (str.). **B. Begründetheit: 1) § 43 I Var. 1 VwGO:** Die Klage ist begründet, wenn das vom Kläger geltend gemachte Rechtsverhältnis besteht (positive FK) bzw. wenn das verneinte Rechtsverhältnis nicht besteht (negative FK). Dazu muss festgestellt werden, woraus sich das in Betracht kommende Rechtsverhältnis begründet (Bspe.: Rechtsnormen, VA, öffentlich-rechtliche Verträge). Ist diese Grundlage wirksam? Sind ihre Vor. erfüllt? Ergibt sich aus ihr ein Rechtsverhältnis zwischen Kläger u.

Beklagtem?; **2) § 43 I Var. 2 VwGO:** Die Klage ist begründet, wenn der VA nichtig ist. Nichtigkeitsgründe: **a) §** 44 II VwVfG. **Beachte: §** 44 II VwVfG ist vor § 44 I VwVfG zu prüfen!, **b) §** 44 III VwVfG, **c) §** 44 I VwVfG

Rechtsverhältnis (§ 43 VwGO)

Jede **verwaltungsrechtliche** Beziehung, die sich durch die Anwendung von Rechtsnormen für einen **konkret** bestimmten Lebenssachverhalt für die rechtliche Beziehung zwischen mehreren Personen zueinander oder zu einer Sache ergibt. Das Rechtsverhältnis muss **hinreichend** konkretisiert sein (z. B. durch Verwaltungsvertrag, VA oder Realakt) => Bspe.: Mitgliedschaft in einer öffentlich-rechtlichen Körperschaft; die Satzung der Universität begründet Rechte u. Pflichten zwischen der Universität u. den Studenten (= Rechtsverhältnis).

Fortsetzungsfeststellungsklage (FFK)

§ 113 I 4 VwGO => **Prüfungsschema: A. Zulässigkeit: 1)** Eröffnung des **Verwaltungsrechtswegs** (§ 40 I 1 VwGO, siehe Def.). **Beachte: a)** Bei der AnfechtungsFFK (§ 113 I 4 VwGO) **§ 23 I 1 EGGVG** bei der Frage nach einer abdrängenden Sonderzuweisung; **b)** Bei der VerpflichtungsFFK (§ 113 I 4 VwGO analog) die Zwei-Stufen-Theorie (=> siehe Def.); **2)** Zuständigkeit des **VGs** (§§ 45, 52 VwGO, siehe Def.); **3) Statthafte** Klageart: Die FFK ist statthaft, **aa)** falls sich eine Anfechtungsklage **nach** Klageerhebung erledigt (§ 113 I 4 VwGO = **AnfechtungsFFK**), **bb)** falls sich eine Anfechtungsklage **vor** Klageerhebung erledigt (§ 113 I 4 VwGO analog. Analogie wegen des Zeitpunktes der Erledigung!), **cc)** falls sich eine Verpflichtungsklage **nach** Klageerhebung erledigt (§ 113 I 4 VwGO analog = **VerpflichtungsFFK**. Analogie, weil keine Anfechtungsklage, sondern eine Verpflichtungssituation vorliegt), **dd)** falls sich eine Verpflichtungsklage **vor** Klageerhebung erledigt (§ 113 I 4 VwGO „doppelt" analog, weil ursprünglich keine Anfechtungsklage vorliegt u. die Erledigung nicht nach, sondern vor Klageerhebung stattgefunden hat). **Beachte: a)** Eine **Erledigung** des belastenden VA (**Anfechtungs**klage) liegt vor, wenn der VA keine Rechtswirkungen mehr auslöst, weil er zurückgenommen (§§ 48 f. VwVfG) wurde oder seine regelnde Wirkung durch Zeitablauf (§ 43 II Var. 4 VwVfG), Eintritt einer auflösenden Bedingung oder Wegfall des Regelungsgegenstandes verloren hat; **b)** Eine **Erledigung** tritt bei einem begehrten VA (**Verpflichtungs**klage) mit Erteilung des VA oder mit Wegfall des Interesses an der VA-Erteilung ein. Hier ist also der geltend gemachte Anspruch **gegenstandslos** geworden!; **c) Vorherige Erledigung**: Liegt vor, wenn sich der VA nach Klageerhebung aber noch **vor** Erlass des Urteils erledigt hat; **4) Klagebefugnis: a)** Für die AnfechtungsFFK: § 42 II VwGO (=> siehe Def. Anfechtungsklage); **b)** Bei einer **analogen** Anwendung des § 113 I 4 VwGO wird die Klagebefugnis auch analog geprüft, d. h. **§ 42 II VwGO analog!**; Nach § 42 II VwGO analog (h. M.) ist die Möglichkeit der Verletzung eines subj. Rechts erforderlich; **5) Vorverfahren: a)** Für die Anfechtungs-/VerpflichtungsFFK: Erfolglose Durchführung eines Vorverfahrens (§§ 68 ff. VwGO => siehe Def. bei Anfechtungsklage); **b) Beachte** Besonderheit, wenn sich der VA bereits **vor** Klageerhebung erledigt hat u. die Widerspruchsfrist gem. § 70 VwGO noch nicht abgelaufen ist. Hier hätte also der Kläger noch die Möglichkeit, ein Vorverfahren durchzuführen. **1. A.**: Durchführung eines Vorverfahrens ist **erforderlich**. Arg.: Widerspruchsbehörde kann zwar einen Abhilfebescheid nicht mehr erlassen, aber sie kann die Rechtswidrigkeit des VA feststellen; **2. A. (h. M.)**: Vorverfahren ist **entbehrlich**. Arg.: Das Widerspruchsverfahren dient dazu, dass die Verwaltung fehlerhaftes Verhalten korrigieren kann u. nicht dazu, seine Rechtswidrigkeit festzustellen! Außerdem besitzt eine Feststellung durch die Behörde nicht die gleiche Bindungswirkung wie ein Feststellungsurteil durch das Gericht = effektiver Rechtsschutz des Bürgers nur bei gerichtlicher Feststellung, § 121 VwGO!; **6) Klagefrist: a)** Für die Anfechtungs- u. VerpflichtungsFFK: § 74 I i. V. m. § 58 I, II VwGO (siehe Def. Anfechtungsklage); **b) Beachte** Besonderheit, wenn sich der VA bereits **vor** Klageerhebung erledigt hat: **1. A.**: §§ 74 I, 58 VwGO analog; **2. A.**: Keine Fristbindung. Arg.: Hier besteht kein Bedürfnis für die Beibehaltung der Fristen einer Anfechtungsklage. Die Situation gleicht nämlich der einer Feststellungsklage! Allerdings ist die **Verwirkung** (=> siehe Def. FK bei 10)) zu beachten; **7) Klagegegner:** Bei **direkter** Anwendung des § 113 I 4 VwGO: § 78 VwGO, bei **analoger** Anwendung des § 113 I 4 VwGO: § 78 VwGO analog; **8) Fortsetzungsfeststellungsinteresse: a)** Für die Anfechtungs-FFK: § 113 I 4 VwGO. Der Kläger muss ein **berechtigtes** Interesse an der begehrten Feststellung haben (=> siehe Def. FK): **aa)** Wiederholungsgefahr; **bb)** Rehabilitationsinteresse, wenn der VA diskriminierend wirkt oder Grundrechte beeinträchtigt hat; **cc)** Vorbereitung einer Amtshaftungsklage. **Beachte** bei cc): Feststellungsinteresse liegt hier **nur** im Fall der Erledigung des VA **nach** Klageerhebung vor, im Fall der Erledigung des VA **vor** Klageerhebung ist **kein** Feststellungsinteresse gegeben (BVerwG, prozessökonomische Erwägung => Prüfung der Rechtswidrigkeit des VAs und Entscheidung über den Schadensersatzanspruch durch Zivilgericht); **b)** Für die VerpflichtungsFFK: Fortsetzungsfeststellungsinteresse gem. § 113 I 4 VwGO **analog**, sonst siehe wie bei aa); **c)** Bei Erledigung des VA **vor** Klageerhebung: § 113 I 4 VwGO **analog**, sonst siehe wie bei aa); **9) Beteiligungs-** u. **Prozessfähigkeit:** §§ 61, 62 VwGO; **10)** Ordnungsgemäße **Klageerhebung:** §§ 81, 82 VwGO; **B. Begründetheit: 1)** Für die **An-fechtungsFFK:** Die Klage ist begründet, wenn der VA rechtswidrig war u. der Kläger hierdurch in seinen Rechten verletzt worden ist (§ 113 I 4 i. V. m. S. 1

Normenkontrollverfahren

VwGO). Siehe Begründetheit bei der Anfechtungsklage; **2)** Für die **Verpflichtungs**FFK: Die Klage ist begründet, wenn die Versagung des begehrten VA rechtswidrig war u. der Kläger dadurch in seinen Rechten verletzt worden ist (§ 113 V 1 i. V. m. I 4 VwGO analog). Dem Kläger hätte also der geltend gemachte Anspruch zugestanden. **Beachte** nur, dass auf eine **hypothetische** Betrachtungsweise abzustellen ist, da gefragt wird, ob der Anspruch vor der Erledigung u. nach Klageerhebung bestanden hätte. **Merke:** Die FFK ist immer dann begründet, wenn ohne Erledigung die Anfechtungs- oder Verpflichtungsklage begründet gewesen wäre!

§ 47 I VwGO => Prüfungsschema: A. Zulässigkeit: 1) Eröffnung des **Verwaltungsrechtswegs:** § 47 I i. V. m. § 40 I 1 VwGO; **2)** Zuständigkeit des OVG / VGH (§ 47 I VwGO); **3) Statthaftigkeit** des Normenkontrollverfahrens: § 47 I Nr. 1, Nr. 2 VwGO; **4) Vorbehaltsklausel:** § 47 III VwGO; **5) Antragsbefugnis:** § 47 II 1 VwGO; **6) Frist:** 1 Jahr (§ 47 II 1 VwGO); **7) Antragsgegner:** § 47 II 2 VwGO; **8) Beteiligungs-** u. **Prozessfähigkeit:** § 47 II VwGO; **9)** Ordnungsgemäßer Antrag: §§ 81, 82 analog i. V. m. § 47 I, II 2 VwGO; **10) Rechtsschutzbedürfnis:** Ausschlaggebend ist, dass die Nichtigkeitserklärung der Norm durch das Gericht eine Besserstellung des Antragstellers bewirkt. Das Rechtsschutzbedürfnis fehlt also, wenn die RFen der Norm bereits eingetreten sind; **B.**

Begründetheit: Das Normenkontrollverfahren ist begründet, wenn die Norm **rechtswidrig** ist; **I.** **Rechtsgrundlage**; **II. Formelle** Rechtmäßigkeit der Norm: Zuständigkeit, Verfahren, Form; **III.** **Materielle** Rechtmäßigkeit der Norm: Verstoß gegen höherrangiges Recht? Prüfungsmaßstab: Bundes- (einschließlich GG) u. Landesrecht (einschließlich LV)

Kommunalverfassungsstreit

Siehe Def. in der 5. Lektion

8. Lektion: Europarecht

Europarecht

Darunter versteht man die gesamte Rechtsmasse, die die europäischen Staaten mittels völkerrechtlicher Kooperation gebildet haben

Primäres Unionsrecht

Das Europarecht gliedert sich in *primäres* und *sekundäres* Unionsrecht. Das primäre Unionsrecht stellt die Grundlage des Unionsrechts dar. Im Rahmen der Normenhierarchie nimmt es die höchste Rangstufe ein. Es umfasst folgende Teile: sämtliche Vertragstexte; sämtliche Anhänge und Protokolle zu diesen Verträgen; Beitrittsverträge neuer Mitgliedstaaten; ratifizierte völkerrechtliche Verträge der Union sowie allgemeine Rechtsgrundsätze.

Sekundäres Unionsrecht

Als sekundäres Recht gelten alle Rechtsakte, die von den Organen der Europäischen Union aufgrund des primären Unionsrechts, also vor allem der Verträge, erlassen werden. Dazu zählen *Richtlinien, Verordnungen* und *Beschlüsse* sowie *Stellungnahmen und Empfehlungen.* Die Rechtsakte unterscheiden sich hinsichtlich ihrer Wirksamkeit und hinsichtlich des Adressaten.

Verordnungen (Art. 288 Absatz 2 AEUV)

Verordnungen sind quasi die „Gesetze" der Union. Verordnungen sind gemäß Artikel 288 Absatz 2 AEUV allgemein gültig, in allen ihren Teilen verbindlich und gelten unmittelbar in jedem Mitgliedstaat.

Richtlinien (Art. 288 Absatz 3 AEUV)

Die Richtlinie ist für jeden Mitgliedstaat, an den sie gerichtet ist, hinsichtlich des zu erreichenden **Ziels** verbindlich. Die Richtlinie gilt nicht unmittelbar, sondern muss erst in nationales Recht umgesetzt werden! Bei fehlerhafter oder verspäteter Umsetzung kommt eine **Staatshaftung** in Betracht. Die Voraussetzungen für eine solche Haftung sind: **1)** Die betreffende Richtlinie zielt auf die Verleihung von Rechten an Einzelne ab und der Inhalt dieser Rechte kann auf Grundlage der Richtlinie bestimmt werden; **2)** Es besteht ein unmittelbarer Kausalzusammenhang zwischen dem Verstoß gegen die Umsetzungspflicht und dem bei dem Einzelnen eingetretenen Schaden; **3)** Das zuständige Gesetzgebungsorgan muss „hinreichend qualifiziert", d.h. offenkundig und erheblich gegen die Pflicht zur ordnungsgemäßen Richtlinienumsetzung verstoßen haben.

Beschlüsse (Art. 288 Absatz 4 AEUV)

Der Beschluss des Artikel 288 Abs. 4 AEUV ähnelt in gewisser Weise dem **Verwaltungsakt** des § 35 Verwaltungsverfahrensgesetz. Wie dieser regelt auch der Beschluss einen **konkreten Einzelfall** und unterscheidet sich dadurch von der abstrakt-generellen Verordnung. Artikel 288 Absatz 4 AEUV bestimmt: Sind Beschlüsse an bestimmte Adressaten gerichtet, so sind sie nur für diese verbindlich. Der Beschluss spielt vor allem im Wettbewerbsrecht der Union eine große Rolle.

Stellungnahmen/Empfehlungen

Stellungnahmen und Empfehlungen sind gemäß Artikel 288 Abs. 5 AEUV **nicht verbindlich.** Bei den Empfehlungen wird dem Adressaten ein bestimmtes Verhalten nahegelegt. Die Stellungnahme kennzeichnet die Beurteilung einer gegenwärtigen Lage oder bestimmter Vorgänge in der Gemeinschaft.

Grundfreiheiten

Zu den **vier** Grundfreiheiten zählen: **1)** der **freie Warenverkehr** (Art. 30, 34, 37 AEUV), **2)** der **freie Personenverkehr** (Art. 45-55 AEU), **3)** die **Dienstleistungsfreiheit** (Art. 56-62 AEUV), **4)** der **freie Zahlungs- und Kapitalverkehr** (Art. 63-66 AEUV).

Waren (Art. 34 AEUV)

Erzeugnisse, die einen **Geldwert** haben und **Gegenstand** eines **Handelsgeschäfts** sein können.

Mengenmäßige Beschränkungen

Mengenmäßige Einfuhrbeschränkungen sind zwischen den Mitgliedstaaten nach Maßgabe des Art. 34 AEUV **verboten.** Diese umfassen alle Maßnahmen, die die Einfuhr einer Ware der Menge oder dem Wert nach begrenzen (Kontingent).

Maßnahmen gleicher Wirkung (Art. 34 AEUV)

Jede **Handelsregelung** der Mitgliedstaaten, die geeignet ist, den innergemeinschaftlichen **Handel** unmittelbar oder mittelbar, tatsächlich oder potenziell **zu behindern** (= **Dassonville-Formel** des EuGH) => **Beachte: a)** Es ist nicht erforderlich, dass eine Beeinträchtigung des Warenverkehrs tatsächlich nachgewiesen werden kann. Es wird bereits die bloße **Möglichkeit** der Behinderung sanktioniert!; **b) Einschränkung** der Dassonville-Formel:

Nichtdiskriminierende **Verkaufs-modalitäten** (=> siehe Def.), die sich auf inländische u. ausländische Produkte gleichermaßen auswirken, sind nicht geeignet, den Handel im Sinne der Dassonville-Formel zu behindern. Allein **produktbezogene** Regelungen fallen unter den Tatbestand des Art. 34 AEUV.

Verkaufsmodalitäten

Verkaufsmodalitäten sind solche Regelungen, die regeln, **wo** verkauft werden darf, **wann** verkauft werden darf und **wie** verkauft werden darf (Beispiel: Ladenöffnungszeiten). Sie haben keine Auswirkungen auf das Produkt und dessen Produktion selbst oder den Marktzugang. Die ausländische Ware darf verkauft werden, dabei muss sich lediglich an bestimmte für alle geltende Regeln gehalten werden.

Arbeitnehmer (Art. 45 AEUV)

Staatsangehöriger eines Mitgliedstaates, der während einer bestimmten Zeit für einen anderen *weisungsgebundene* Leistungen erbringt, für die er als Gegenleistung eine **Vergütung** erlangt => **Unerheblich** ist, ob es sich um eine öffentlich-rechtliche oder privatrechtliche Tätigkeit handelt!

Dienstleistung (Art. 57 AEUV)

Nach Art. 57 AEUV sind Dienstleistungen Leistungen, die in der Regel gegen **Entgelt** erbracht werden, soweit sie nicht den Vorschriften über den freien Waren- und Kapitalverkehr und über die Freizügigkeit der Personen unterliegen.

Kapitalverkehr (Art. 63 ff. AEUV)

Der Begriff des Kapitalverkehrs umfasst nach Auffassung des Gerichtshofs alle auf das Sachkapital als auch das Geldkapital bezogenen Transaktionen, soweit diese nicht direkt durch den Waren- oder Dienstleistungsverkehr bedingt sind.

Zahlungsverkehr

Regelmäßig werden darunter alle grenzüberschreitenden Zahlungen gefasst, also solche **Wertübertragungen**, die als Gegenleistung von Waren-, Dienst- oder Kapitalgeschäften dienen. Der Begriff ist weit auszulegen.

Implied-Powers-Lehre

Diese Lehre besagt, dass die Bestimmungen der Verträge im Zusammenhang mit den ausdrücklich gegebenen **Unionskompetenzen** zugleich diejenigen Vorschriften beinhalten, bei deren Fehlen sie sinnlos wären oder nicht in vernünftiger und zweckmäßiger Weise zur Anwendung gelangen könnten. Implied-Powers sind damit prinzipiell vergleichbar mit den ungeschriebenen Bundeskompetenzen im deutschen Verfassungsrecht (Kompetenz kraft Sachzusammenhangs, Annexkompetenz oder Kraft Natur der Sache).

Rechtsschutzverfahren vor dem EuGH

Zu nennen sind das **Vertragsverletzungsverfahren** (Art. 258 AEUV), die **Nichtigkeitsklage** (Art. 263 AEUV), die **Untätigkeitsklage** (Art. 265 AEUV), das **Vorabentscheidungsverfahren** (Art. 267 AEUV) und die **Amtshaftungsklage** (Art. 268 AEUV).

Sachregister

188

190

194

▶ Unsere 📖 Skripten 🗂 Karteikarten 𝄞 Hörbücher (CD & MP3)

Zivilrecht

- 📖 Standardfälle Zivilrecht für Anfänger (AT+KaufR) (7,90 €)
- 📖 𝄞 Standardfälle BGB AT (7,90 €)
- 📖 𝄞 Standardfälle Schuldrecht (7,90 €)
- 📖 𝄞 Standardfälle Ges. Schuldverh.,§§ 677,812,823 (9,9 €)
- 📖 𝄞 Standardfälle Sachenrecht (Mobil.+ Immobil.) (9,90 €)
- 📖 𝄞 Standardfälle Familien- und Erbrecht (9,90 €)
- 📖 𝄞 Basiswissen (Frage-Antwort) BGB AT (7 €)
- 📖 𝄞 Basiswissen (Frage-Antwort) Schuldrecht AT (7 €)
- 📖 𝄞 Basiswissen (Frage-Antwort) Schuldrecht BT (7 €)
- 📖 𝄞 Basiswissen (Frage-Antwort) Sachenrecht (7 €)
- 𝄞 Basiswissen Familienrecht und 𝄞 Basiswissen Erbrecht
- 📖 Einführung in das Bürgerliche Recht (7,90 €)
- 📖 Studienbuch BGB AT (12 €)
- 📖 Studienbuch Schuldrecht AT (12 €)
- 📖 Schuldrecht BT 1 - §§ 437, 536, 634, 670 ff. (9,90 €)
- 📖 Schuldrecht BT 2 - §§ 812, 823, 765 ff. (9,90 €)
- 📖 SachenR 1 – Mobil., 📖 SachenR 2 – Immobil. (9,90 €)
- 📖 Familienrecht und 📖 Erbrecht (Einführungen) (9,90 €)
- 📖 Streitfragen Schuldrecht (7,90 €)
- 📖 𝄞 Definitionen für die Zivilrechtsklausur (9,90 €)

Strafrecht

- 📖 Standardfälle Band 1: für Anfänger (9,90 €)
- 📖 Standardfälle Band 2: für Fortgeschrittene (12 €)
- 📖 𝄞 Standardfälle Strafrecht AT (für Anfänger) (7,90 €)
- 📖 𝄞 Basiswissen (Frage-Antwort) Strafrecht AT (7 €)
- 📖 𝄞 Basiswissen Strafrecht BT 1 und 📖 𝄞 BT 2 (7 €)
- 📖 Strafrecht AT (7,90 €)
- 📖 Strafrecht BT 1 – Vermögensdelikte (9,90 €)
- 📖 Strafrecht BT 2 – Nichtvermögensdelikte (9,90 €)
- 📖 𝄞 Definitionen für die Strafrechtsklausur (7,90 €)

Irrtümer und Änderungen vorbehalten!

Öffentliches Recht

- 📖 Standardfälle Staatsrecht I – StaatsorgaRecht (9,90 €)
- 📖 Standardfälle Staatsrecht II – Grundrechte (9,90 €)
- 📖 𝄞 Standardfälle f. Anfänger (StaatsorgaR u. GRe) (7,9 €)
- 📖 Standardfälle Verwaltungsrecht AT (9,90 €)
- 📖 Standardfälle Polizei- und Ordnungsrecht (9,90 €)
- 📖 Standardfälle Baurecht (9,90 €)
- 📖 Standardfälle Europarecht (9,90 €)
- 📖 Standardfälle Kommunalrecht (9,90 €)
- 📖 𝄞 Basiswissen (Fr-Antw.) StaatsR I – StaatsorgaR (7 €)
- 📖 𝄞 Basiswissen (Fr-Antw.) StaatsR II – Grundrechte (7 €)
- 📖 Basiswissen (Frage-Antwort) Verwaltungsrecht AT (7 €)
- 📖 Studienbuch Staatsorganisationsrecht (9,90 €)
- 📖 Studienbuch Grundrechte (9,90 €)
- 📖 Studienbuch Verwaltungsrecht AT (12 €)
- 📖 Studienbuch Europarecht (12,90 €) 𝄞 Basiswissen EuR
- 📖 Staatshaftungsrecht (9,90 €)
- 📖 VerwaltungsR AT 1 – VwVfG u. 📖 AT 2–VwGO (7,90 €)
- 📖 VerwaltungsR BT 1 – POR (9,90 €)
- 📖 VerwaltungsR BT 2 – BauR 📖 BT 3 – UmweltR (9,90 €)
- 📖 𝄞 Definitionen Öffentliches Recht (9,90 €)

Steuerrecht

- 📖 Abgabenordnung (AO) (9,90 €)
- 📖 Erbschaftsteuerrecht (9,90 €)
- 📖 Steuerstrafrecht/Verfahren/Steuerhaftung (7,90 €)

Sozialrecht

- 📖 Kinder- und Jugendhilferecht (7,90 €)
- 📖 Einführung in das Sozialrecht (9,90 €)

Nebengebiete

- 📖 Standardfälle ZPO (9,90 €)
- 📖 𝄞 Standardfälle Handels- & GesellschaftsR (9,90 €)
- 📖 𝄞 Standardfälle Arbeitsrecht (9,90 €)
- 📖 𝄞 Basiswissen (Fr.-Aw.) Handelsrecht (7,90 €)
- 📖 𝄞 Basiswissen (Fr.-Aw.) Gesellschaftsrecht (7,90 €)
- 📖 𝄞 Basiswissen (Frage-Antwort) ZPO (7,90 €)
- 📖 𝄞 Basiswissen (Frage-Antwort) StPO (7,90 €)
- 📖 Handelsrecht (9,90 €)
- 📖 Gesellschaftsrecht (9,90 €)
- 📖 Arbeitsrecht (9,90 €)
- 📖 Kollektives Arbeitsrecht (9,90 €)
- 📖 ZPO I – Erkenntnisverfahren (9,90 €)
- 📖 ZPO II – Zwangsvollstreckung (9,90 €)
- 📖 Strafprozessordnung – StPO (9,90 €)
- 📖 Einführung Internationales Privatrecht - IPR (9,90 €)
- 📖 Standardfälle IPR (9,90 €)
- 📖 Insolvenzrecht (9,90 €)
- 📖 Gewerblicher Rechtsschutz/Urheberrecht (9,90 €)
- 📖 Wettbewerbsrecht (9,90 €)
- 📖 Ratgeber 500 Spezial-Tipps für Juristen (12 €)
- 📖 Sportrecht (9,90 €)

Assessorexamen

- 📖 Der Aktenvortrag im Strafrecht (7,90 €)
- 📖 Der Aktenvortrag im Zivilrecht (7,90 €)
- 📖 Der Aktenvortrag im Öffentlichen Recht (7,90 €)
- 📖 Staatsanwalt!. Sitzungsdienst & Plädoyer (9,90 €)

Karteikarten (je 9,90 €)

- 🗂 Grundlagen des Zivilrechts
- 🗂 BGB Allgemeiner Teil (AT)
- 🗂 Schuldrecht BT (§§ 433, 535, 631, 812, 823)
- 🗂 Schemata Zivilrecht (AT, SchuldR, SachR, FamR)
- 🗂 Strafrecht Allgemeiner Teil (AT)
- 🗂 Strafrecht BT 1 und 🗂 Strafrecht BT 2
- 🗂 Streitfragen Strafrecht
- 🗂 Staatsorganisationsrecht
- 🗂 Grundrechte
- 🗂 Verwaltungsrecht Allgemeiner Teil (AT)
- 🗂 Schemata Öffentliches Recht

BWL

- 📖 Einführung i. die Betriebswirtschaftslehre (7,90 €)
- 📖 Organisationsgestaltung & -entwickl. (9,90 €)
- 📖 Fallstudien Organisationsgestaltung & -entwickl.
- 📖 Internationales Management (7 €)
- 📖 Wie gelingt meine wiss. Abschlussarbeit? (7 €)
- 📖 Medienwirtschaft für Mediengestalter (14,90 €)

Irrtümer und Änderungen vorbehalten!

Schemata

- 📖 Die wichtigsten Schemata-ZivR,StrafR,ÖR (14,90)
- 📖 Die wichtigsten Schemata–Nebengebiete (9,90 €)

𝄞 bedeutet: auch als **Hörbuch** (CD oder MP3-Download) lieferbar!

Bei **niederle-media.de** bestellte Artikel treffen idR *nach 1-2 Werktagen* ein!